你的忍讓，只是廉價的示好

透視表象下的人性法則，從此不再吃悶虧

感情誠可貴，價值價更高。
讓自己成為對他人有價值的人，這個世界才不會辜負你。

王心傲——著

目錄

PART 2

認知覺醒：提升認知，看破生活假象

PART 3

野蠻生長：對己逆人性，對外順人性

寫在前面

人性看似撲朔迷離，但是背後其實都有著深刻的規律。所有有成就的人士，大都是對此洞悉深刻的高手。

在《不是搞不定人，是搞不懂人性》這本書裡，我結合自身經歷和諮詢案例，將自己多年來對人性的洞察做了系統總結，梳理了一些普遍存在，且由來已久的錯誤想法。很開心的是，不少人因這本書而受益，我也因此收到了很多感謝訊息，並且在眾多讀者的呼籲下，我又創作了《你的忍讓，只是廉價的示好》。我希望更加深入地把人性背後隱藏的真相揭露出來，幫助大家在這個複雜的社會更加清醒地活著。在這本書裡，我主要透過三部分來系統地闡述人性。

第一部分主要講解人性邏輯。一個很殘酷的真相是，很多人懶於思考，看待事情的時候想法往往停留於表象，這就導致他們要麼活得渾渾噩噩，生活裡充斥著煩惱和痛苦；要麼很努力，卻一直在做無用功，看不到結果。因此在這部分內容中，我梳理了許多常見的錯誤認知，陪讀者重新認識利益、道德和金錢背後的人性密碼。

在第二部分，我儘量梳理了大部分人存在的思考盲點，希望能夠幫助讀者看破生活假象，回歸客觀。這是一個人真正走向成熟的開始，也是一個人人生改變的起點。畢竟一個人的思想認知很大程度上影響著其行動，而行動導致了結果。所以當認知重塑後，也許你的逆襲時刻就將到來。

第三部分的內容關於人性的深度運用，希望幫助讀者實現野蠻生長。洞見人性背後的本質規律，提升自己的思維深度，這都不是目的，最終目的是透過對人性的掌握，處理好複雜的人情世故，擺脫諸多痛苦，最大程度地實現自我成長。

總之，你可以把這本書當作一本人間生存手冊，我希望它能夠幫你在複雜的社會裡智慧前行，避開種種陷阱，通透地活著。

儘管這本書揭露的人性內容太過直白，可能會引起一些人的不適，但我希望你能系統地看完。當然，我更希望你能透過這本書，真正擁有一種從容坦然的精神，擁有直面生活的勇氣，擁有清醒活著的智慧，也擁有無畏前行的力量。

人的大多數痛苦和困境，都是對人性的認知淺薄造成的。跳出自己的主觀幻想，走向客觀，瞭解自己，掌握規律，才能更好地面對充滿不確定性的未來。

希望透過這本書，你能更好地活在當下，走好人生的每一步，幸福、清醒、智慧而又具備力量。

PART 1
人性邏輯

別相信人，要相信人性

第一章

用利益去考驗人性，你也許會輸

#趨利避害是人性，所以義才可貴

為什麼很多人明明能力出眾，但日子卻過得特別差呢？其實很大程度上就是因為他們對人性的瞭解不夠深刻，沒有悟透「利」和「義」這兩個概念的深刻內涵。他們在本該爭名逐利的時候錯過了機會，在該講道義的時候又為了利益去撕扯。接下來我們一起理解何為利、何為義。

利和義存在的必要性

首先，何為義？「義」這個字其實來自中國傳統的儒家思想：「義者，宜也」，簡而言之，就是在「仁」的思想指導下，做該做的事情。義，是仁的外化。孟子曰：「魚，我所欲也；熊掌，亦我所欲也。兩者不可得兼，捨魚而取熊掌者也。生，亦我所欲也，義，亦我所欲也。兩者不可得兼，捨生而取義者也。」

什麼意思呢？魚是我想要的，熊掌也是我想要的，如果兩者不能都要，我便放棄魚而獲取熊掌。生命是我想要的，道義也是我想要的，如果兩者不能都要，我便放棄生命而獲取道義。所以在孟子看來，義比生命都重要，更何況是利？

雖然孟子的說法和人類趨利避害的本性不太相符，但這是中國文化中的精神支柱之一。如果人人都捨義而逐利，那麼整個社會就會變得冷漠無情。所以，從這個方面來看，義當然是需要的。

再深入一點分析，人都是群居動物，不同區域的人聚集在一塊，形成了一個龐大的組織，這個組織叫作國家。那麼從整個國家層面來看，如果沒有「義」這種精神支柱做支撐，那後果可能就是產生暴亂，社會也會變得不那麼安定。

「義」和我在前著《不是搞不定人，是搞不懂人性》中分析的道德，本質是一樣的。你會發現，歷史上的君王除了保證武力的強盛之外，另外一個比較重要的布局就是道德，也就是不斷地向自己的民眾宣傳道德思想的重要性。目的就是為了讓人們能夠講仁義、守道德，思想上不偏激，從而減少不穩定的因素。

包括現在的公司想要做大做強，除了要有好的組織架構、好的管理方式外，非常重要的一點是確定公司的價值觀。這也是從思想上保證人心安定，使員工能夠更齊心地工作和互助合作。

那麼讀到這裡，我們可以簡單做個總結，就是說「義」肯定是有存在必要性的，但它不是天生就有的，而是後天習得的。

那什麼是「利」呢？這個更容易理解了，簡單說就是利益。利益不僅包括物質上的利益，也包括精神上的利益。與「義」不同的是，趨利是人的一種天性。講得再明白一些，就是人生在世，基本上所有的行為，都是以求利為目的，包括人類第一次爬樹、第一次直立行走、第一次使用工具。

所以讀到這裡，你應該有一個認知：義是需要的，是人類社會得以穩固的基礎，也是一個人處世的根本。利也是必不可少的，是人類社會發展的動力，也是生存下去的根本。可以說，正是人性中對「利」的渴求，使得人類能夠在幾百萬年中生生不息，不斷發展。

所以，「義」是需要被重視的，但是重利的人也未必都是小人，這不過是人性的自然流露而已。

天下熙熙，皆為利來

作為成年人，你首先要有一個認知，就是人性是自私的，是利益至上的，這是由人的本性決定的。進化論認為，所有本能、衝動和情感的進化都只有一個目的：生存和繁衍。所以，生存和繁衍是人類刻在骨子和基因裡的第一需要，否則人類早就已經滅絕了。趨利避害的屬性讓一個人得以生存下去。

其實，最低等的動物，比如草履蟲都具備趨利避害的功能，更別說其他動物，大部分動物已經將這一功能進化成自動化反應。為什麼手指碰到火你會馬上把手縮回來？為什麼看見老虎你會在第一時間跳起來拔腿就跑？為什麼一看見美食你就會流口水？這是動物在生存和發展中進化出來的最基本的生存功能，沒有這個基本功能的動物都滅絕了。

人類從原始社會不斷進化到現在能夠存活下來，很大原因是我們人類懂得趨利避害，所以：

- 父母的愛是因為人性嗎？是的，保護孩子是為了繁衍後代。
- 愛美是因為人性嗎？是的，愛美是為了獲得繁衍的機會。
- 炫富是因為人性嗎？是的，炫富是爭取異性，獲得繁衍的機會。

所以古時候有句話「天下熙熙，皆為利來」。既然趨利是一種人性特點，那麼一個人成熟的標誌首先就要接受人性的這個特點。

如果一個人嘴巴上喜歡跟你講情義，跟你稱兄道弟，你需要小心了。因為人家也許心裡未必這麼想。因為這種人深知，人性決定了人人都喜歡被奉承、被誇獎，所以用各種感情手段有利於取信於人，從而獲得利益。所以我們想要免於被利用，首先應該具備的一個能力就是不要輕信於人。當你要判斷一個人是否值得深交的時候，不要聽他怎麼說，而是要看他怎麼做，從行為邏輯去界定一個人。

一個心裡真正有你的人，把你當真兄弟的人，是不會經常說這樣的話的，他們反而會放在心裡，當你有困難的時候直接挺身而出。那種經常口頭上對你表忠心的，很可能是想從你這裡有所得。比如在酒桌上一個勁兒向你敬酒的人，要麼真的對你感恩戴德，要麼就是想找你幫忙。

其實很多人的言行都是利益驅動的，千萬別把感情太當回事，不然受傷的終究是自己。企業做得再大，一旦破產，你看別人還會不會一如既往地對你好，借錢給你？將軍狗死有人埋，將軍死後無人埋。別人看中的不是你這個人，而是你背後的利益和資源。

就連找交往對象也不例外。一個人會愛上另一個人，要麼是覺得對方長得好看，要麼是覺得對方有實力，要麼是覺得對方有才，要麼是覺得對方有潛力。如果一樣都沒有，那有很大的機率是不會產生愛情的。

陶淵明也不否認自己逐利的本性

說到陶淵明，很多人應該都很熟悉，特別是他「不為五斗米折腰」的風骨，實乃真君子。其實他當年也是逐利的，不逐利他何必要去當官呢？在《歸去來兮辭》中，陶淵明就把自己當官的目的說得很明確：

「余家貧，耕植不足以自給。幼稚盈室，缾無儲粟，生生所資，未見其術。親故多勸余為長吏，脫然有懷，求之靡途。會有四方之事，諸侯以惠愛為德，家叔以余貧苦，遂見用於小邑。」

這段話的意思概括起來就是說，我窮，沒辦法，於是走了叔叔的後門，去彭澤縣當了官。所以啊，陶淵明和普通人一樣，為了生計也難免要逐利。「逐利」是人的天性，是人想要生存或者生存得更好的基礎，這沒有錯。

魯迅先生曾說：「道德這事，必須普遍，人人應做，人人能行，又於自他兩利，才有存在的價值。」在「義」的前提下追求自己應得的「利」，是正常且正當的。正所謂「君子愛財，取之有道」，不必那麼不好意思。一味放棄自己應得的「利」，處處寬忍退讓，只會助長小人的貪婪。

很多人在公司苦苦熬了很多年，但不管是工資還是職位都沒有較大幅度的提高，而很多晚去的人卻能後來者居上。為什麼會出現這種局面呢？很大一部分原因就是這些人沒有一顆正確對待「利」的心，總覺得追逐利益是可恥的，和別人競爭不是君子所為，拉不下面子。所以每次公司有晉升的機會，大家都擠破了腦袋往前衝，只有這類人退居一旁，擺出一副與世無爭的樣子。其實，這樣做真的可笑又可悲。

真正的有錢人不會覺得金錢是萬惡之源，真正厲害的人也不會覺得追名逐利不正確，他們都能夠以一種客觀的心態去對待利益本身。面對屬於自己的機會，他們從不會放過，所以往往發展得更好。

而很多對利存在錯誤認知的人，覺得談錢是不好的，談利益是罪惡的，結果金錢和機會一次次與自己擦肩而過。所以，當你真正明白了利益和仁義這兩個概念，才能不輕易掉入傳統思想的陷阱。

千萬不要覺得我說的這些太殘酷、太片面、太尖銳，這就是人性。當然了，我們認清楚這些人性，並非就要去憎恨生活，而是要接受它，看破它，然後熱愛生活。就像你知道了人性是趨利的，很多人跟你交往也是為了你背後潛在的利益，那你就應該把更多的精力放在提升自己的價值上，讓自己一直「有利可圖」，這樣才不會被生活傷害。看破人性，才能活得更快樂，才能過得更好。

#不碰利益，人無壞人

很多人為什麼活得很悲慘呢？其實核心原因就是他們一直都被一些世俗文化洗腦，沒有搞清楚道德和人性的關係邏輯。我經常說的一句話是：懂道德讓你成為好人，懂人性讓你成為富人。我們當然要堅持做一個好人，而且要成為一個富有的好人。貧窮，很可能會讓你成為身邊每個人的負擔，最終把他們逼成「壞人」。

大多數的世俗文化會推崇一種「靠」的文化，簡單來說就是依賴強者的文化。這種文化是怎麼形成的呢？其實跟我們長期以來的社會主流價值觀和社會結構有關。

首先，我們的文化基因是傾向於保護弱小者的，特別強調人與人之間的依賴性，包括儒家思想備受推崇的「鰥寡孤獨廢疾者，皆有所養」。這種價值宣導是有利於社會穩定發展的，但是在後續的實踐過程中卻慢慢被很多人扭曲了。很多人開始不再注重自己的發展，過分依賴外在力量。

其次，中國屬於傳統的農業社會國家，農民階級翻身做主人，因此潛意識中對於缺乏能力的弱者有著很強的保護欲。這類人往往更注重家庭血緣、鄉鄰之間的團結，在面對強者的壓迫上會凝聚在一起。儘管存在極端個人主義假公濟私，但總體上這種團結互助的精神是瑕不掩瑜的。

所以，在這兩種因素的影響下，這種「靠」的弱勢文化開始在大多數人的腦袋裡扎根。可是，這種文化的本質是違背人性的。因為「靠」的本質其實就是向外求，就是忽視自己的力量，過分地把希望和機會寄託在別人的身上，對其他人有過高的道德期望。可這顯然並不可靠，更像是一種「自作多情」。

因為很多時候，別人並不會幫助你，即便你先幫助了對方，對方也並不一定會同樣回報你，因為這裡面有很多不可控因素，比如利益。我以前工作的時候，公司裡有一位很心善的同事，能力也很強，但是在一次晉升的重要關頭，他卻因為另一位老同事年齡大、家境不好，所以就把晉升機會拱手相讓。他以為對方能夠對此心懷感激，但是沒想到的是，對方上任後沒多久，就因為害怕將來這位同事威脅到他，於是就想方設法打壓他，把他邊緣化。

所以，只懂道德，不懂人性，對於個體生存是有很大風險的。因為我們是無法掌控別人的，一旦別人覺得你不可「靠」了，你的人生也就垮了。

除了這些，還有一個很現實的客觀真相：人性是複雜多面的，人本來就是一個複雜體。簡單說就是，人性有光輝的一面，也有陰暗的一面，有時候像充滿善意的救世菩薩，有時候又像兇狠的魔鬼。

人性是複雜多變的

我附近有一戶人家，這家人在做飯的時候不小心把房子點著了。結果火勢越來越大，把房子燒得一塌糊塗，而且他家裡還有一個六七歲的小女孩，兩條腿都被燒傷了。事後，鄰居們紛紛前去圍觀。其實這個時候，大多數鄰居都已變身為一個複雜體，為什麼？

不得不承認的是，他們有去看熱鬧的心理成分，想親眼看看這家人具體發生了多麼悲慘的事情。他們也有一絲僥倖的心理，心想這事還好不是發生在自己家。這難道不是人性的惡嗎？當然，看到這家人的房子被燒得一塌糊塗，這家也不是很有錢的家庭，女孩的腿燒傷也很嚴重，他們確實深表同情。有些鄰居還看哭了，紛紛捐錢救助。這難道不是人性的善嗎？

所以，人性是善，還是惡？假如你非要分個清楚，那只能說你還不夠成熟，對人性的複雜還沒有完全理解到位。就像我在前著《不是搞不定人，是搞不懂人性》中分析的灰度思維，人性沒有絕對的善和惡，它是有灰色地帶的。既然如此，那人性就是複雜多變的，是很難掌控的，是禁不起考驗的。一旦我們一味地遵循那些世俗文化和道德觀，就有可能受到傷害。

你有沒有經歷過這種事情：你跟一個朋友本來很要好，好到不分你我了，可是有一天他卻背叛了你？你對女朋友非常貼心，什麼事都為她想，滿足她的一切要求，可是有一天她卻無情地把你拋棄了？

如果你經歷過這種事情，那你對我上面的分析會更認同。我們經常講，要做一個重情重義的人，要知恩圖報，要善良。可是，很多時候，只用感情來經營關係，會使關係存在很大變數。因為人性的本質是自私的，對方對你的善與利益的誘惑有很大關係。

當利益的誘惑達到一定程度之後，人性的陰暗面就會被激發。

道德保證群體利益，人性保障個體利益

讀到這裡，也許有人會說：「不會呀，還有道德來限制和約束人們的行為呀。」確實，道德和公共輿論會影響一個人的行為，但它的力度是有限的。道德就像一把尺規，可是卻沒有所謂的公共價值尺度。為什麼這麼說？

一方面，每個人的心裡都有一把屬於自己的尺，彼此的衡量標準是不一樣的。另一方面，很多人都在用道德尺規來衡量別人，卻很難用相同的標準來度量自己。當社會上發生一件很不道德、性質很惡劣的事情時，不同人的看法是不完全一樣的。另外，我們往往會站在道德的制高點上評估別人，可是當自己做出類似的不道德行為時，又會毫不猶豫地為自己辯駁。

也可能有人會問：那道德和人性是什麼關係？想搞清楚這點，就要從原始社會和人類

的種群屬性說起。人類是群居動物，老虎、獅子等這些動物都比人類兇猛，但是人類卻成了自然界的主宰，為什麼？就是因為人類懂得合作，懂得群居。也就是說，個體利益和群體利益是一種互相依存的關係。

如果每個人都追求個體利益，最簡單的方式就是不勞而獲，搶奪同類的食物，甚至殺死同類，但是這樣做所導致的結果就是，最後群體的數量減少，整體力量被削弱，這時人類就無法單獨對抗外界強大的動物，那麼最終自己也會死掉。

經過多年的進化，人類就明白了，只有合作，才能更好地存活，但是盲目地、毫無章法地合作同樣會滋生很多的問題。那這種問題怎麼解決呢？就是有一套約定的規範來制約彼此，這種規範經過長期的演變就成為現在所謂的道德。

所以讀到這裡，你就應該對人性和道德之間的關係有一個大概的領悟了。人性是追求個體生存和利益的，人性是自私的，一旦人性不受約束，那麼人們一定會彼此傷害。道德是用來約束人性，達成群體繁榮的。個體之所以願意接受道德的約束，接受輿論的影響，就是因為群體的繁榮最終能夠讓個體受益。所以從本質上來說，也是人性自私的一個高級表現而已。

道德在某種程度上是反人性的

為什麼我們說一個人很容易變壞？因為人性中有惡的一面。這一點其實也可以用熱力學第二定律「熵增定律」來解釋。熵增定律是德國物理學家魯道夫．克勞修斯（Rudolf Clausius）和英國物理學克爾文勳爵（Lord Kelvin）提出的理論。他們發現，在孤立的系統裡，熱量必然是從高溫流向低溫，此過程是不可逆的。在一個封閉的系統內，事物也會不可避免地自發地向混亂、無序的方向發展。

道德在某種程度上是違反人性的，所以它有時候讓人很壓抑，而且還需要大量地引導、約束。關於這一點，我們可以從歷史角度來看，比如戰國時期的商鞅為了實現秦國的強大，就實行了變法。

他在變革措施中提出了愚民思想，簡單說就是實行文化專制，讓百姓愚昧無知，成為沒有思想、沒有靈魂的行屍走肉，任由君主驅使。《商君書》裡有段話是這麼講的：「使民無得擅徙，則誅愚。亂農之民無所於食而必農。愚心、躁欲之民壹意，則農民必靜。農靜、誅愚，則草必墾矣。」

當然，商鞅之所以提出這樣的舉措，和當時的社會背景也是有關的。當時是農業社會，農業的發展是國家富強的根本，戰爭的勝利則是戰勝敵國的最主要手段。因此，農、戰是商鞅變法中最主要的內容，「聖人治國之要，故令民歸心於農」，而要達到這一點，就要使人民愚昧無知，「愚農不知、不好學問則疾務農」。

此外，儒家倫理文化中的重要思想——三綱五常，本質上也是以道德為籌碼對別人進行管束。三綱指的是君為臣綱，父為子綱，夫為妻綱，五常是仁、義、禮、智、信。儒家透過「三綱五常」的教化來維護社會的倫理道德和政治制度。

我認為，這世界上只存在兩種人：一種是強者，一種是弱者。弱者很多時候過度信奉世俗道德文化而忽視了學習人性，而強者很多時候都是人性高手，他們懂得用規則來治理人性。簡單說，在強者的認知裡，只談道德、不講規則的社會很虛偽，很無力，所以他們並不會一味信奉道德和規則。

當然，這並不是說道德約束機制就不重要，但是很多時候，道德只是一種自律工具，體現在個人對自我的約束。一旦道德用作他律，不僅會略顯蒼白，而且往往會超出道德的範圍。所以，道德的意義更多是在法律不完善的情況下，最大限度地維護個人權利和社會正義。

舉個例子，尊老愛幼本質上就是道德上的一種追求。一方面，我們並不能保證對方同樣會講道德；另一方面，當過分要求道德的時候，道德就容易淪為一種工具。比如老年人或者抱著小孩子的母親坐公車，並不是所有人都一定會尊崇道德給他們讓座，因為道德的約束力本就有限，只是一種輿論制約。可是如果別人不讓座，他們很可能開始站在道德的制高點上肆意譴責和綁架他人，那麼道德就成為利己的一種工具。

先談規則，再談道德

這個時候，規則的重要性就體現出來了。規則是一種硬性制約，有更大的約束力。道德不是義務，而是一種良知，任何人都沒有權利要求別人犧牲自我，成全他人。

胡適先生曾說過：一個骯髒的社會，如果人人講規則，而不是談道德，最終會變成一個有人味的正常社會，道德也會自然回歸。一個乾淨的社會，如果人人都不講規則，卻大談道德、談高尚，天天沒事就談道德規範，人人大公無私，那麼這個社會最終會墮落成一個偽君子遍地的骯髒社會。

所以，人首先應該遵守規則制度，再來談道德。違背了規則制度的道德沒有任何意義，只談道德不講規則，這樣的社會很虛偽，也很無力。我們不能奢望僅靠道德約束就能建設好一個社會。即使在文明如此發達的今天，我們都在不斷完善法律法規，其實就是這個道理。道德教育是心靈約束，法律法規是理性手段。

很多人之所以總是會受傷，很大程度上是因為他們往往理想化地把人想得過於善良、完美，最後被搞得遍體鱗傷才徹底醒悟。再看個老生常談的故事吧，有七個人住在一起，他們每天分一大桶粥。一開始，他們透過抽預先做好記號的紙捲，來決定誰來分粥。每週下來，他們只有一天是飽的，就是自己分粥的那一天。

後來，他們開始推選出一個道德高尚的人出來分粥。結果大家開始挖空心思去討好他、賄賂他，開始搞各種小團體。最後，大家想出來一個方法：輪流分粥，但分粥的人要等其他人都挑完後，拿最後剩下的一碗。為了不讓自己吃到最少的那碗，分粥的人都儘量分得平均。大家快快樂樂、和和氣氣，日子越過越好。

同樣是七個人，不同的規則，就會有不同的風氣。

由此可見，對人性的理解程度不同，所導致的結果也不同。我們要理解人性，然後根據人性設計合理的制度規則。不要做一個絕對的非黑即白的人，這世間有很多東西都是有灰色地帶的。很多厲害的人都有一個共同特徵：菩薩心腸，霹靂手段。如果一心只想著用一顆慈悲心去感化世人，很多時候會得到不如意甚至失望的結果。

很多人對權謀、手段都是很排斥的，覺得這些東西都不應該出現。其實不然，很多時候，想要成功，就要用一些方法，且要有君子風範。厲害的人都是怎麼做的呢？他既相信人的能力，又不否認人的本性，所以他用道德來激發人性中好的一面，同時還要用制度來威懾人性中壞的一面。

電視劇《琅琊榜》中有一個片段是這樣的，梅長蘇去給靖王講解自己的謀略手段。他對靖王說，我院中這個人叫童路，我與外界的一應對接都由他負責，我對這個人可謂信任至極。可是他的母親卻被我留在廊州，由江左盟照管。我對童路委以重任，用人不疑，這是我的誠心；把他的家人留在手裡，以防萬一，這是我的手腕。

我當時看完這一段，感觸非常深，因為這才是真正意義上的強者。很多人往往會特別迷信感情，覺得我跟你建立感情了，我曾經對你好了，所以等我需要時你就會念及感情，也對我好，不背叛我。其實如果你有這種想法，說明你還太過天真。

人性是善變的、是複雜的，有很多因素都會導致一個人改變曾經的想法，做出一些出乎意料的行為。所以，在與人交往中，我們可以這麼做：我願意相信你，願意對你好，但同時我也會使用一些方法以避免你做出超乎我預期或傷害我的事。我們可以相信一個人的善良，但是同時也不能低估人性的惡。

讀到這裡，你的思維有沒有感覺到一絲動盪？如果你能把這些道理悟透了，那麼接下來你對很多事物的認知和看法都會改觀。

思想引領行動，當你的認知改變了，很多時候，你對一件事情的處理方式就發生了改變，你所擁有的選擇也會增多。所以無論何時，也不要放棄持續不斷地提升自己的思維，升級自己的大腦。只有這樣，你才能在人生的道路上越走越順利。

#精明的利己主義者

人性不僅自私，趨利避害，還有一個特點就是勢利。認識到這一點，才能坦然接受人性的複雜。可能有人不認同，那麼我們先看幾個常見的案例，你就明白了。

家裡有孩子的應該都深有體會，哪怕他在很小的時候都會表現出一個特徵：誰對他好，他就跟誰親。良禽擇木而棲，窮在鬧市無人問，富在深山有遠親。這背後的核心是什麼？其實就是人性的勢利。我們不妨回答以下這兩個問題：

1. 你更喜歡與有能力、有資源的人交朋友，還是和普通人交朋友？
2. 你希望自己的孩子有美好的未來嗎？你希望他跟什麼樣的人交朋友？

想必，你也會做出對自己更有利的選擇。所以，勢利本身只是一個中性詞，是人的本性之一。從進化論的角度來看也是一樣的，生存是人類所有行為心理的出發點，如何才能有更大的機率生存下來呢？自然是獲得更多的生存資源，所以人會天然地依附掌握著更多生存資源的人，並努力在最短時間內盡可能獲得更多的利益。這就是勢利的基本心理成因。

所以勢利本身就是人的天性，如果人類不勢利，這就意味著在嚴酷的生存競爭中存活下來的機率很低。我們本質上都是勢利者的後代，都是經過了一代又一代的更迭與淘汰。

當然，我們也不用見到一個人，就跟他說「我是很勢利的」，而是在內心深處一定要明白，我們每個人本就是生而勢利的，都會做出對自己最有利的選擇。

既然人類天性裡有「勢利」的基因，那麼人為財死，鳥為食亡，本就是天經地義的，為什麼很多人不敢接受這個客觀真相呢？這背後也是有邏輯可循的。

為了佔到便宜，人們將勢利的本性貶義化

勢利其實是一個受盡委屈的詞，這是每個人都具備的客觀本性，但是自從勢利一詞被創造出來後，就一直被人為地附上了貶義的色彩。這就是出於佔便宜的心理。如果人人都勢利，都為自己的利益著想，那麼很可能導致的後果就是，人人都賺不到利益。但是當大部分人都羞於這樣做，而少數人這樣做的時候，後者就能夠輕鬆獲利。

當然，即使有人這樣做，他們也不會宣之於口。因為如果他們承認自己是勢利的，一直在追求自己的利益最大化，那就沒人願意和他們合作了。因為他們既想從別人身上佔便宜，又不想被人佔便宜。那麼，你看出了些什麼？

我們嘴上都說著勢利不對，但事實上，我們有時在行為上都在做著勢利的事情。更可

怕的是，大腦是會騙人的，如果一直這樣說，一段時間以後，大腦很可能就信以為真了。如此，我們就從「只想獲利」變成「真的嫌棄別人的勢利」。這就很危險，因為我們對別人的「合理」行為做出了錯誤的反應。

這就好比公司的老好人，為了不讓別人說他勢利、自私，面對本來屬於他的機會，他卻不敢去爭取，拱手相讓。看到那些敢於積極追求自己合理權益的人，他卻覺得對方卑鄙。

勢利本身並沒有什麼錯，很多人不是看不清自己的行為，只是不願意承認自己的目的罷了。當你說他勢利的時候，他會咆哮著找出一些片面的生活片段出來，當作證據告訴你：「看，我並不勢利！」他們以此當作藉口，好似這樣就可以堂而皇之地避免直視自己內心那些貌似「陰暗」的部分，這才是最糟糕的。

就像情緒不能強忍一樣，勢利的本性也是不能長期壓抑的。我們真正應該做的是，在自己的內心深處勇敢地承認自己的勢利。只有更坦然地認識自己，我們才能在重要關頭不被輿論壓力綁縛，從而做出真正意義上最有利於自己的選擇。

從「勢利」的角度來講「人緣」

你有沒有想過，有一天自己也能成為一個被大批人包圍，人緣極好的人？肯定有。但是你有沒有想過，什麼樣的人最受歡迎？有錢人、幽默的人、老好人……其實如果真要將他們歸類，應該會是有正面資源或有潛在的正面資源可貢獻的人。

他們之所以受歡迎，是因為人人都喜歡靠近這些潛在或正面資源的擁有者，這意味著跟他們湊在一起得利的機會更大。這種利益或許是物質上的，或許是精神上的，這就是人們勢利的本性導致的。

正如收入可以分為資產性收入和勞動性收入一樣，中國當代作家蔡壘磊，在其著作《你懂這麼多道理，為什麼過不好這一生？》中，把人緣也分為資產性人緣和勞動性人緣。很多有錢人從來不請人吃飯，也不主動給人好處，但就是有一堆人圍著他們轉。這類就屬於資產性人緣，他們的好人緣建立在他們有值得別人「圖謀」的地方。所以哪怕他們從不主動施加什麼恩惠，但只要有潛在的收益期望存在，好人緣就會一直存在。

當然，老好人的人緣也不錯，但他們的好人緣建立在能給人提供即時性的正面回饋上。他們從不得罪人，會讓別人的心情很舒暢，對於別人的求助，也會盡可能盡心盡力地幫忙。這類就屬於勞動性人緣。下面，我們再來仔細對比一下這兩種人緣的「可怕之處」。

首先，勞動性人緣必須時刻維持勞動狀態，也就是要一直處於施恩狀態。老好人必須一直無底線地付出，只要從某一刻開始，他拒絕別人的請求，那麼前期的積累就趨向於零。記得我在《不是搞不定人，是搞不懂人性》中講述的這樣一個案例：某同事初入職場，把公司所有的雜活全包了，整理檔案、掃地、換飲水機桶裝水等，表面上看大家對他印象都不錯，可是有一次他身體不舒服，沒有幫忙打掃換水，全公司的人都來數落他……這就是勞動性人緣的壞處。

相對來說，資產性人緣則要好得多，它與勞動性人緣之間的區別主要在於是否主動提供資源和利益。在大部分情況下，勞動性人緣的付出是被動的，是受環境挾持的。而資產性人緣則擁有主動選擇權，人人都想跟他建立關係、交換資源，且很多人會將自己的資源主動獻上以示誠意。至於最終同誰「建交」，主動權一直握在這類人的手裡。

有些人天生自帶光環，擁有資產性人緣，但是有些人沒有啊。確實，並非所有人都是一出生就擁有資產性人緣。不過這沒有關係，資產性人緣也需要不斷地積累，提升自己的價值。

當然，在自己一無所有的時候，也可以透過積累大量的勞動性人緣讓自己更有安全感。為什麼會更有安全感呢？這有點類似於廣結善緣，我們付出的勞動越多，就越有更大的機率獲得回報。不過，如果你和對方的差距太大，就不要再用這種策略了，因為你主動提供「勞動」的意義不大。無論你想跟對方進行單次還是多次交換，對方都幾乎不可能回報你，因為對方沒有同你進行交換或建立聯繫的必要。這樣，你的單位時間利用率就會非常低，近乎為零。

當我們主動提供「勞動」的時候，多數都是在表達想建立長期交換關係的姿態，但這個策略僅適用於與對方的差距並不是那麼大的情況下。在此之前，請先埋頭積累。如果你想在積累的同時透過「建交」來獲利，可先將你的目標轉向與你對等或略勝於你的群體。

當你越深入地領悟這些內容，你的內心越會有恍然大悟的感覺，以前你看不懂或者看不慣的事情，現在也覺得沒什麼大不了的。

人性天生就是勢利的，這是客觀真理，你需要接受這個本性，認可這個本性，不然很容易就會被世俗道德所綁架。你可以回顧一下曾經被情感綁架而後悔不已的經歷，那感覺是否很糟糕？接下來，我們繼續講解「人緣」的本質，很多人都在做「勞動性人緣」，結果一停止付出，之前積累的所有人緣就完結了。

第二章

懂道德讓你成為好人，懂人性讓你成為富人

#總和你談感情的人，就是想付出少一點

李明在外商公司工作，待遇挺不錯。這天童年好友主動來問他公司是否有職缺，可否幫忙？李明想都沒想就答應了，還費了很大的力氣把他弄進公司，爭取到一個不錯的職位。李明覺得公司裡有自己的好兄弟，彼此間也好有個照應，可是後來發生的事卻讓他後悔不已。

原來友人進入公司後，因為腦子靈活，沒多久就升職了，混到跟他差不多的等級。後來，公司經理一職空缺，老闆有意從優秀員工中選一個人擔當此任。李明和友人都是備

選之一，他想著公平競爭，可沒想到的是，友人卻用卑鄙的手段搶到了位置。李明後悔不已，他不理解為什麼朋友會這樣對自己，明明當初如果沒有自己，他還在外面辛苦討生活。

這樣的劇情，你見過嗎？或者說，曾經在你的身上上演過嗎？事實上，這樣的情況太多了，職場的複雜之處就在於人心難測。精神分析學家佛洛伊德（Sigmund Freud）的心理動力論可以在某種程度上解釋這個問題。

佛洛伊德認為，人格結構可以分為本我、自我和超我。本我是本來的我，它是充滿原始欲望的、衝動的；超我是受到期許的我，它必須符合社會規範的要求；自我則是本我和超我互相衝突的場域，它是充滿矛盾的、緊張的，同時也是我們與他人互動時所表現出的一面。

舉例來說，假設我在街上看到一位美女，我忍不住多看她兩眼，這就是本我，它是受本能驅使的，遵循不受限制的享樂原則。那什麼是超我呢？超我代表的是道德規範和社會禁忌。自我是什麼呢？自我是在現實條件下，透過權衡本我和超我的需求而做出的決定。自我會這樣想：萬一我一直盯著別人看，被當作偷窺狂怎麼辦？這樣我有可能被公司開除、被朋友鄙視、被親戚批判，等等。這樣綜合考量後，我決定放棄這麼做。

對於大部分人來說，本我和超我的發展水準一直都是恆定不變的，只有自我會根據現實情況做出不同的決定。當然，不排除修行境界很高的人，他的本我程度會降低很多，超我的發展水準會很高。所以人心難測的本質是什麼？是因為我們面對的都是自我，而自我是在權衡中變化的。當外在的背景或者內在的主觀衡量標準變化時，一個人就可能做出跟以前截然相反的行為。

所以，在重大利益面前，人的自我就可能因誘惑太大而禁不起考驗。友人處於危難的時候，李明拉了他一把，他認為友人一定會對自己感恩戴德，可這終究只是個人的一種道德期待。在對方沒有面臨重大利益誘惑的時候，這種期望是有可能實現的。可是一旦有利益的誘惑，友人很可能會為了達到自己的目的而不擇手段，這時候往日情分一下子都煙消雲散了。所以，不要覺得這個友人多麼惡毒，這只是人的一個本性表現而已。

我學行銷的時候，老師就告訴我，這個世界上很少有絕對無私的人。那些看上去無私的行為，背後很可能有圖謀，只不過那個圖謀可能是一種遠期利益，或者說是一種披了「道德外衣」的利益，導致我們不能直觀地看到背後的自私。

那麼問題來了，當你面臨巨大的利益時，你要怎麼做？

價值比感情更重要

前段時間，有個朋友找我喝酒，幾杯酒下肚之後，他就開始向我訴苦。疫情原因導致他失業了，全家的重擔壓得他喘不過氣來。我很好奇地問：「你在之前的公司不是表現得挺好嗎？為什麼最後落得這樣一個下場？」他歎口氣說：「一想到這裡，我就生氣，當初為了搞好跟同事的關係，我付出了多少心血啊，我討好所有人，大家都跟我稱兄道弟的。可是公司遇到點困難，我卻第一個被踢出局了。」

他之所以被踢出局，根本原因在於一直經營沒有價值的感情，而忽視了真正的核心——價值。要知道，公司不會養沒有價值的員工，一個不能為公司創造價值的人，是不會被重用的。在經濟形勢一片大好的情況下，這樣的人可能還會被留用。但當公司遭遇危機的時候，最先被踢掉的肯定是這種人。

帶不來價值的感情是廉價的。所以，不要覺得你跟對方關係好，對方就會不看僧面看佛面。如果你所求的事情對於對方而言是舉手之勞，或者沒有損害對方的利益，他可能還會伸出援手。但是一旦牽扯到對方的利益，他一定會毫不猶豫地做出最理性的選擇。

很多人之所以受傷，其實就是對「關係」這個概念沒有真正理解清楚。我在《不是搞不定人，是搞不懂人性》裡面已經講過了，世間的關係，本質上都是為了個人利益所服務的。人類的智慧雖然要遠比其他動物高，但單獨作戰的能力其實很弱。所以在遠古時代，人類在面臨殘酷的生存環境時，就學會了相互合作，以便更好地生存，這就是關係產生的起源。

那麼，我們傾向於和誰建立關係呢？顯然是能力更強、價值更高的人。所以，所有關係的背後都有一個隱藏要素，叫作價值。你如果本身沒有價值，只是給別人一顆真心，大概也不會被珍惜，對老闆來說更是如此。老闆雇用員工，要的是利益，感情固然重要，但建立在價值基礎上的感情才是彌足珍貴的。

在《上行：可複製的突圍之道》一書裡，蔡壘磊提到了一個概念「真實話語權」，我覺得很有意思。真實話語權既不分角色，也不分頭銜，更不分職位。擁有真實話語權的人最大的可能是老闆，當然也可能是投資人，或者是某位員工。如何獲得真實話語權呢？它並不是由誰分配的，而是靠自己「掙」來的——誰在價值協作中提供了更多不可替代的貢獻，誰的真實話語權就更大。比如在某家公司中，你雖然是大股東，但合夥人攬下所有重責，辛勤耕耘，這家公司少了他比少了你還嚴重，那麼他的真實話語權就大於你。

所以，聰明人都有一個預設的做事順序，那就是先創造價值再經營關係。你有價值了，能替老闆帶來利益了，老闆自然會提拔你。當你身居要職，能幫其他人創造更多的價值了，那其他人就自然而然主動來跟你搞好關係。

劉潤在《底層邏輯》一書中也分享過這方面的想法。他說一個人的財富基本盤有兩個組成部分，第一個是你自己的本事，第二個是你和其他人連接的本事。前者是 1，後者是 1 後面的 0，而且後者是前者的放大器。其實這背後的邏輯是一樣的。

對於年輕人來說，在你踏入社會之後，不要一開始就忙著結交更多的朋友。你自己沒有價值的時候，再多的朋友都不會對你有太大的助益，而且會隨著時間的推移慢慢淡出你的生命。你首先要聚焦的是自己的價值，這樣才會有人主動來跟你結交。這時候，你就輕鬆多了，因為你是行使主動選擇權的人。

把道德當武器的人，都是弱者思維

很多人認為，只要自己先付出，關鍵的時候能拉別人一把，就會主觀地產生一種道德期望，認為自己有困難的時候，別人也會幫自己。如果別人沒有幫他，他就抱怨別人是不道德的，是忘恩負義，要受到上天的懲罰……其實這都是弱者思維。那強者有著怎樣的思維邏輯呢？在法律允許的範圍內，把競爭對手擊敗，自己成為行業老大，不對他人抱有道德期待，更不指望他人拯救自己。

道德學說是很多偽君子擅長的一套東西，《笑傲江湖》中的岳不羣滿口仁義道德，卻把人性趨利避害的本性展露得一覽無遺。岳不羣行走江湖的名號叫作「君子劍」，平時他也總是以文質彬彬、頗有涵養的君子面目展示於家人、徒弟和武林同道乃至仇敵面前。他永遠都表現出滿滿的正能量，「頦下五捋鬍鬚，面如冠玉，一臉正氣」，從不輕易動武，即便偶爾「與人過招也毫無霸氣」，而是「蘊藉儒雅」。

可這不過是偽裝，實際上，他對《辟邪劍譜》早就垂涎三尺，奪得劍譜後，為了殺人滅口，他不惜砍傷林平之，誅殺八弟子，並且嫁禍給毫不知情的令狐沖，甚至號召「正派諸友共誅之」。

他親手害死恆山派兩位師太，在眾人面前卻信誓旦旦：「這事（捉拿兇手）著落在我身上，三年之內，岳某若不能為二位師太報仇，武林同道便可說我是無恥之徒、卑鄙小人。」

總之，道德不是人性，更多的是一種工具。生物學家在最接近人類的靈長類動物中做過這樣的實驗：實驗人員把五隻猴子關在一個籠子裡，籠子上方有一串香蕉。另外，籠內還裝了一個自動裝置，一旦偵測到有猴子要去拿香蕉，馬上就會有水噴向籠子，猴子都會被淋得一身溼。剛開始，有隻猴子去拿香蕉，當然，結果就是每隻猴子都淋溼了。之後，每隻猴子都嘗試一遍，發現莫不如此。於是猴子們達到一個共識：不要去拿香蕉，以免被水噴到。

後來實驗人員放出其中一隻猴子，換進去一隻新猴子A。A看到香蕉，馬上想要去拿，結果被其他四隻猴子打了一頓，因為這四隻猴子認為A會害牠們被水淋到，所以制止牠去拿香蕉。A嘗試了幾次，被打得滿頭包，也沒有拿到香蕉，當然，這五隻猴子都沒有被水噴到。

再後來，實驗人員又放出一隻舊猴子，換進去另外一隻新猴子B。B看到香蕉後，也是迫不及待地要去拿。同樣，其他四隻猴子打了牠一頓。尤其是A打得特別用力。B試了幾次後，只好作罷。慢慢地，實驗人員把所有的舊猴子都換成了新猴子。大家都不敢去動香蕉，牠們也不知道為什麼，只知道動香蕉會被打。

所以《反本能》一書的作者衛藍曾說，從作用上看，道德的形成是基於社會世俗化的規章制度，以滿足絕大多數人的利益。凡是違反這些規定的，往往都會給部分人帶來傷害，而為了避免這樣的傷害再次發生，他們也會懲罰違反者，從而形成一種大多數人都認可的「社會契約」。

十八世紀著名哲學家康德（Kant），努力地區別個人利益和絕對理性的道德，提倡絕對的道德觀，但事實是，道德的形成必然有著其社會意義和背後的利益關係。另外，由於沒有嚴格的評分標準去衡量道德，人們只以普世價值觀為簡單衡量的尺度，所以標準往往會傾向於主觀。用相對主義去解釋就是，當事人會更傾向於最大化自己的利益。正如法國社會心理學大師古斯塔夫·勒龐（Gustave Le Bon）在《烏合之眾》（*The Crowd A Study Of The Popular Mind*）一書中說的：人性最大的惡，就是只肯用自己的尺衡量別人。群體會讓每個人在其中的錯誤縮小，同時讓每個人的惡意被無限放大。

所以，我們要講道德，但也要能跳出道德的束縛，這點非常重要。成大事有時就要心狠，很多人之所以做不到，就是因為有道德枷鎖。當初韓信手握兵權，劉邦已經起了殺他的心，韓信手下勸他早做防備，甚至取而代之，可是韓信卻念著劉邦當初的知遇之恩，沒有聽從建議，結果被殺了。

再看劉邦為什麼能成事，就是因為他能跳出道德約束。有一回項羽捉住了他父親，並以此為要脅，來迫使劉邦投降，否則就把劉邦的父親放入大缸之中活活煮死。可是劉邦卻對項羽說：「你我曾結為兄弟，那麼我的父親也就是你的父親，如果你一定要煮了你的父親，就請分我一杯肉羹吧。」

所以，喜歡把道德當武器的人，其實都是弱者思維。一個人到處宣傳仁義道德，大機率是這兩種情況：

1. 自己被這些觀念束縛，屬於受害者。
2. 為了讓別人對自己講道德，自己好從中獲利。

再講個故事。前幾年，一個朋友向我借錢，當時我是真沒錢，但我怎麼說，他都不信，最後說了句「沒想到你是這種人，竟然見死不救」，然後把我封鎖了。後來他又去找另外一個朋友借，那人咬咬牙借給他了。十多年過去了，這幾個人裡就我過得要好一點，那個曾經封鎖我的朋友反而總是對我噓寒問暖，每次回老家，他都會開車來接我，但對借錢給自己的那個朋友反而不聞不問，而且還私下說了他不少壞話。

有點殘忍，可這就是現實。多少人像我那個可憐的朋友一樣，不懂人性，好心沒好報。不要天天用嘴巴來追求公平、感情、道德、情懷，最後只會被弄得遍體鱗傷，什麼都得不到；而是要拚命地提升自己，透過讓自己更有價值來換取自己想要的一切。

這個時代，強者才有話語權。生活，就是在社會制定的框架之內合法地獲得更多的機會、財富、權力。所以，成年人應該有的覺悟是，既要享受感情帶來的幸福感，同時也要接受感情背後利益的真相，直面人性，不被條條框框的束縛和禁錮所限制，這樣才能帶著一顆包容豁達的心，走得更遠。

#即使想做好人，也要樹立底線

許先生是我的一位朋友。他精通四國語言，學識淵博，工作能力也很出色。但是他在公司多年，卻依然沒有升遷。為什麼呢？我會把答案寫在篇尾。我們再來看幾個有意思的故事。

案例一：有情人難成眷屬，只因兄弟情

吳剛和劉條不僅是同事，更是拜過把子的兄弟。吳剛性格內向，剛到店裡的時候遭受不少冷眼與欺負。這個時候，劉條站出來，主動為吳剛解決了不少麻煩。吳剛是個老實人，他把這恩情一直記在心裡，後來兩人索性就結拜成兄弟，關係也是越來越好，好到穿一條褲子都不嫌擠。

可是，好景不長，有一天店裡又來了一位女同事，長得漂亮極了。吳剛和劉條都想追求她。私下裡，劉條也沒少跟吳剛說自己的心思，還請吳剛出謀獻策。這一切都讓吳剛糾結不已。為什麼呢？經過一段時間的相處，女同事很明顯對吳剛更有好感，甚至有好幾次

暗示吳剛想一塊兒吃飯。吳剛也很喜歡她，但一想到好兄弟劉條也喜歡，他就頭疼不已。

一方面，他覺得朋友「妻」不可欺；另一方面，當初劉條對自己那麼好，自己若是搶了他的心上人，就太不地道了。面對女同事的暗示和間接表白，他選擇拒絕。女同事看到自己屢次暗示未果，也對吳剛失望透頂，一個月後選擇辭職。走的那天，她對吳剛說道：「哼，你就不算個男人，一點勇氣也沒有，你單身一輩子吧。」吳剛聽完這些話，內心說不出的難受。

案例二：公司八年元老，能力突出，但每次晉升都沒有他

老李，妥妥的公司元老，公司創辦十年，他在公司就待了八年。這倒沒什麼，但令人驚訝的是，老李能力突出，但是到現在職位仍然沒有什麼大的改變。

後來朋友們一起吃飯，剛好有一個是老李的同事，大家閒聊時聊到了老李，這位同事才道出了真相。他說老李無法升遷是有原因的，因為他就是個老好人。每次公司有職位空缺，他都會表現得像隱士高人一樣，不爭不搶，還說「你們先來」。

可是，職場如戰場，你跟別人客氣，別人可不會跟你謙讓，而且很多時候還會努力去爭搶。老李不屑於此，自然升職就沒他的份了，不可能有人搶著把飯餵到他嘴裡吧。

這樣的故事每天都在發生。不管是遇到真愛卻拱手讓人的吳剛，還是機會送上門都不敢去爭取的老李，他們的骨子裡都堅信人性是善良的，要做正人君子，視手段和策略為罪惡。可是殊不知，正是這些絆住了他們追求幸福或晉升的腳步。

接下來，我將從三個方面「入侵」你的大腦，讓你的思維升級一下。

人之初，性本善，還是性本惡？

就連幼稚園的小朋友都會朗朗上口地念道「人之初，性本善」，這句話出自《三字經》這本經典名著。那麼人性到底是「本善」，還是「本惡」呢？

如果人類真的是「性本善」，那麼社會文化就無須設立一些規矩來限制人的行為，各國的法律或刑典更是形同虛設。因此，正是因為吾等木性非善，所以個體才需要依據這類經典或戒律來培養人格，社會才需要借助法律來維持穩定。

另外，凡是做過父母的都應該感同身受：當你的孩子還是個小嬰兒時，他除了樣貌是善（可愛）以外，大部分時候的舉動連善的影子都看不到。也就是說，嬰兒天生以自我為中心，他根本不會站在父母的立場去考慮問題。

他需要什麼，就一定要得到，得不到就會哭鬧。哭鬧無須父母刻意傳授，而是嬰兒的本能，是他天生就懂的策略。等到他從嬰兒成長為幼兒，有一定行動力的時候，他又學會了一邊哭鬧，一邊從哥哥或姊姊的手裡搶奪食物。如果搶不到，還會借助父母的幫助。

那麼，難道人性「本惡」嗎？自然也不是！關於這一點，孟子就舉過一個例子：「乍見孺子入井，每個人都會生出怵惕之心。」

也就是說，見到一個小孩子掉進井裡了，不管你是好人還是壞人，不管你和這個小孩有沒有關係，你都會很害怕、很擔心，生出惻隱之心。所以，你能說人性本惡嗎？自然也不能。

那麼人性到底是善還是惡？其實是不能絕對區分的。如果你對很多事還持有非善即惡、非好即壞、非黑即白的二元對立思維，只能說明你還不夠成熟。如果真要對人性做一個評定，我們只能說人性自私。為什麼這麼說呢？因為趨利避害是任何生物生存發展的必要條件。人作為高級生物體，必然也具有這種天生本能，而自私就是趨利避害本能的社會性表現。

人是由動物進化來的，一開始同樣也面臨著惡劣的自然環境，比如變幻莫測的天氣、兇猛的對手、同類的爭奪殘殺，這些無時無刻不在威脅著個體的生存。對於這一時期的個體來說，活下來才是第一要義，而活下來的第一步就是往趨利避害的方向發展，那些不適應的個體逐漸被大自然淘汰了。

長期演化後，趨利避害功能便刻在人類的基因中代代遺傳下去。於是，每個人一生下來就無師自通地學會了這些由無數先人用生命換來的技能。

即使是再不懂事的嬰兒也具有趨利避害的本能，這顯然有利於保存個體，保存種族，是歷史進化的正向結果。而自私就是趨利避害這一生物本能在人類行為上的集中表現。所以，從生物進化論的角度來說，如果不是自私基因的存在，可能今日就不會有人類存在。

只是，自私雖是天性，有利於個體生存發展，但人畢竟還是社會動物，一味地自私，不可避免地會導致個體與他人產生衝突，衝突的結果可能是致命的。最終，我們的智慧大腦進化出了理性，理性的大腦和自私的大腦都在爭奪我們的關注。自私這個天性不斷受到道德、輿論乃至法律的制約，形成至今不分勝負的拉鋸戰。

所以，我們應該要有的覺悟是，不要一棍子打倒自私，完全否定它的意義，而是要客觀對待自私本身。我們要接受，自己本就是勢利者的後代，而不是妄圖用道德綁架，妄圖成為一個更「乾淨」的自己，這樣只會讓我們決策失誤，並且對他人的「合理」行為做出錯誤的反應。

我們崇尚道德，但不能被道德綁架

在封建社會，很多帝王為了延續自己高高在上的地位，提升安全感，常常使用兩個策略。

第一是愚民策略。簡單來說，就是希望百姓愚蠢，沒有文化，見識淺薄。所以，古時候很多窮人家的孩子是讀不了書的，甚至還有「女子無才便是德」的觀念……其實，這都是舊時的統治者故意制定的策略。因為只有老百姓的文化、見識淺薄，他們才容易被領導、被操控。

第二是大肆宣揚品質、美德，並形成社會輿論來控制人群。比如「君要臣死，臣不得不死」等君臣綱理，「君子不爭」、「先人後己」等君子節操。

這些價值觀影響了很多人。具體表現在：面對本屬於自己的機會，卻不敢大膽去爭取，怕別人說自己自私；即使有獲利的機會，也要先人後己，覺得這樣才是君子所為。結果，這就衍生出了兩種人：

一種是崇尚弱勢文化的人，他們極力迎合古往今來傳承的這些文化，並將之奉為生存法則；一種是崇尚強勢文化的人，他們能夠認清人性的複雜，並客觀地面對人性，對於屬於自己的機會，敢於大膽地爭取，不被道德輿論綁架，勇敢追尋機會。

手段不是貶義詞

我們這裡提到的「手段」，是指人為達到某種目的而採取的方法和措施。很多人聽到「手段」二字都敬而遠之，其實這些脆弱的人要麼被利用過，要麼害怕被傷害，所以才拚命打擊有手段的人。我卻不這樣認為。就像我們前文說的，剛出生的嬰兒都能善用哭聲來操控父母，難道嬰兒是邪惡的？這未免說不過去了。我再舉個例子，你就明白了。

我有個女性朋友，人長得很漂亮，心腸也很好，可偏偏嫁了個家暴男。每次被家暴後，這男的就來一頓糖衣炮彈，朋友也就輕易就原諒他。正是因為她的縱容，家暴男就更肆無忌憚，變本加厲。最後，朋友忍無可忍，暗地裡蒐證，把老公家暴的細節和證據全部整理好，然後報警了。

請問，舉報丈夫這事有錯嗎？對於秀才，我們可以跟他講道理；對於好人，我們也能曉之以理，動之以情；但是遇見了兵，你恐怕得先比畫一番再說道理。更嚴重的是，萬一不幸遇見了罪大惡極的壞人，你恐怕不得不以暴制暴。

所以，手段從來沒有好壞之分，只不過用手段的人有好壞之分，目的有好壞之分。貶低手段的人大部分都是弱者，他們之所以這樣堅持，也是有私心的。

首先，弱者有很強的惰性，他們懶得學習和使用手段，但又擔心別人用手段來傷害自己，索性就宣傳「手段是罪惡，我們要做君子」。其次，弱者往往是最容易被利用的，強者會選定這部分人來傳播手段的不光明。

那強者這樣做的目的又是什麼呢？為了壟斷。如果越來越多的人知道手段，他們再去用就沒有那麼好的效果。只有大多數人都不會用手段，他們會用，才能最大程度地獲利。

所以，手段就像一個被扣上了土豪帽子的老實人，委屈極了。不過，這也是普通人的病症，對於強大的東西，他們不是懷著敬畏的心理，而是妄想透過逃避、抵制等方式來獲得所謂的虛假安全感。可是別人會因為你哭著說「你別用手段，我們來公平對決」就放下穩操勝券的籌碼嗎？顯然是不會的。所以，你不用手段，別人用手段，遊戲的結果是，你被淘汰。

值得一提的是，大部分人都對戰略這個詞抱有好感，那麼戰略和手段有什麼關係呢？若是你制定了一個驚天的戰略，連戰略專家都覺得你的提議很好，但是我想問：在實行戰略的時候，要不要配合手段？比如，你的戰略方案其中一步是和A公司的總經理談判，可是此刻，你卻連他的面都見不著，你需不需要用一些手段？

你會發現，很多成功人士的第一桶金是巧用手段獲得的。就像我在《不是搞不定人，是搞不懂人性》中提到的俞敏洪，他當初創立英語培訓班，也是巧用手段才打開局面。所以，戰略和手段這兩者是密切配合的，你中有我，我中有你。沒有戰略方向的手段，容易一葉障目；沒有手段配合的戰略，則不容易落地。

文章開篇提到的許先生，你還有印象嗎？他在公司待了六年，卻還在老位置上晃悠。其實說白了，他也是這普天之下所謂的「君子」，悲哀的「君子」。

社會上一直有狼吃羊的傳說，但是很多人卻拚命向你傳播的是狼吃草，於是很多人就沉淪其中。因為只有這樣想，他們在幻想裡才是安全的，這就是弱勢思維的毒瘤。我們應該及早地摘除這個毒瘤，對人性和現實有一個客觀的認識，如此你才能在這個社會更好地存活。

#你被「好人」人設標籤綁架了嗎？

南先生談了個女朋友，兩人已經到了談婚論嫁的地步，可是他沒想到的是，因為一件事，這樁婚事就搞砸了。事情是這樣的：女友帶著他去家裡見父母，為了贏得女友父母的歡心，南先生特地買了鮑魚、龍蝦，還有幾箱禮品。父母一看這孩子懂禮數，熱情地歡迎他進門。再加上南先生本就一表人才，父母也挺滿意，話裡話外都表達出同意的意思。

南先生高興壞了，覺得這事兒肯定成了。可是到第二個月，女友父母又邀請南先生到家裡做客，南先生覺得上次已經表達過心意了，所以這次就沒準備什麼禮品，買了點家常小菜就過去了。

飯桌上，女友媽媽的臉色很不對勁，整個過程都黑著臉。果然離開家沒多久，女友就告訴他，兩個人不太合適，還是再相處相處，先不要提結婚了。

為什麼一前一後，女友父母對南先生的態度如此不同？這就是本節要分享的內容。我有很多學員曾留言說：「老師啊，我明明全心全意為他好，可是為什麼到最後，他反而隨隨便便就把我給拋棄了？」「我付出了那麼多，他就看不到嗎？」

之所以有這樣的局面，很大一部分原因都是你自己造成的。我講過一句很重要的話，叫作先苦後甜特別甜，先甜後苦特別苦。這其中就蘊含著深刻的人性道理，只不過很多人都沒有把它領悟通透。你的付出，對方不珍惜，感受不到，核心原因在於他沒有真正感受到你的價值。為了幫助你更清楚透徹地理解，我們來深度解析一下「價值」這個概念。

什麼是價值？

價值（value）一詞來自拉丁語 valere。從詞源學上講，這個詞的詞根意義十分模糊，其意義遍及所有方面，從好的到具有體力的或勇猛的。廣義上講，價值泛指人們認為是好的、有用的、想得到的東西，某種因為其自身的緣故而值得估價的東西。想深刻理解價值，就要深入瞭解價值理論。價值理論是經濟學的基礎及核心，對各種經濟現象的討論和解釋，往往最終都會繞回到價值理論上。

關於價值理論，比較具有代表性的是古典經濟學的客觀價值理論和經濟學家門格爾（Carl Menger）的主觀價值理論。客觀價值理論認為，世界上所有的物品都有客觀的、內在的、不以人的意志為轉移的價值，而價格只是圍繞這個客觀價值上下波動的一個現象。而主觀價值理論則認為，所有的物品本身並沒有什麼內在價值，只有人對它的判斷，人覺得它有價值，它就有價值。二者相互對立。

我個人傾向於認可門格爾提出的主觀價值理論。簡單說，就是一個東西的價值必須從其與人類的關係中來尋找答案。某種物品必須能滿足人類的某種需求，這樣它才會有價值。從這個意義上來講，價值即被需要。某種商品對人越重要，其價值也就越大。即便某件物品是由火星上的特殊材料製成的，或者是耗費巨大的人力才得到的，如果它對人類毫無用處，它就不會有價值。相反，能滿足人類某種需求的東西，不管它是自然生長的，還是人工製造的，或者是天上掉下來的，它都有價值。

門格爾在闡述價值理論時，還引入了兩個核心概念，一個是稀缺性，一個是使用價值和交換價值的矛盾。

稀缺性，簡單說就是價值會隨著財貨的充裕程度而遞減，比如空氣對人類雖然重要，但是它取之不盡，所以沒有價值。但如果空氣變得稀缺，只有部分人才能享用得到，那麼它就會變得價值連城。所以對於某種特定的經濟財貨，它越是充裕，就越會被用在次要的用途上，對人類的重要性也就越低，價值就越少。

所謂的使用價值和交換價值的矛盾，指的是對人類而言，某類財貨的使用價值，並不是在「有」與「無」之間的比較，而是在「多一點」和「少一點」之間的比較。水對人類的使用價值，並不在於沒有水，人就無法生存，而是多一瓶水會給人增加多少幸福感。

水對人類的生存來說固然重要，但多喝一瓶水給人帶來的幸福感，遠不及擁有一枚鑽石給人帶來的幸福感強烈。瞭解這一點，也就解釋了「鑽石與水」的價值悖論，就是鑽石對生命來說是不重要的，水對生命來說是重要的，但是鑽石的價值卻比水要高。

門格爾發現的這種價值規律，也被後人概括為「邊際效用」理論，即某種財貨在當下的價值，取決於增加一單位該財貨能給人帶來的幸福增量；或者說，取決於減少一單位該財貨，人類要犧牲掉多少幸福感。

總之，我們可以總結為接下來的兩個核心。

首先，價值是主觀的定義，沒有固定的衡量標準。一件商品或者一個人，也許在不同人眼裡價值是不一樣的。明白這一點後，其實我們也就能理解為什麼你感覺自己付出了很多，對方卻無動於衷，因為你們兩個人的價值評判標準不一樣。你付出了大量的時間、金錢、精力等，本質上只是你覺得自己做的這些有價值，但對方並不會因為你的付出程度高低決定你的價值，他只會參照自己的需要。

其次，價值的評估很多時候取決於需要程度，而需要程度往往透過稀缺和對比去呈現。比如在沙漠深處，水的價值就會驟升，這是稀缺造成的。比如你只是喝一杯白開水，可能沒有什麼感覺。可是你先喝很苦的黃連水後，再去喝白開水，你會發現水變甜了。這是透過對比造成的。

很多老皇帝臨死的時候會把一些比較重要的大臣流放到偏遠地區，然後等新皇帝登基上位之後，再將他們調回京城官復原職。這也是透過對比的方式來提升新皇帝的權威，讓大臣覺得新皇帝更重用自己，從而竭盡全力地輔佐。

先「壞」後好，先「苦」後甜

我在牛排店打工的時候，店裡有一個老顧客經常來光顧，但是他的脾氣非常大，很愛挑我們的毛病，全店的人內心都很討厭他。可是有一個很奇怪的現象是，每次只要他一過來，我們的服務品質都會達到百分之兩百。比如牛排做好後，我們會安排好幾個人，全部檢查仔細了才會端到他面前。為什麼呢？因為怕被他投訴。很多脾氣好的老客戶來消費的時候，雖然我們心裡也都挺高興的，但是在服務態度上確實就相對應付一些，因為很確定自己不會被投訴。

如果我們深入回顧自己的生活，其實會發現自己有時候也會如此。

心理學上有一種常見的心理現象叫預期法則，它是指人們會根據已有的經驗，來對當前的發展趨勢進行假設性推斷。簡單來說，當你認為那個人應該對你好，但是他沒有對你好，或者對你好的程度不夠時，你就會感到失望，甚至產生一種怨恨心理。那麼人際交往其實也是一樣的道理，一開始，我們對某個人缺乏足夠的瞭解，所以會進行一些試探行為，並結合已有經驗，對這個人形成一個主觀的心理預期。之後，我們就會以此去評估或者預測他接下來的行為表現，並且選擇與之相對應的回應方式。

回到上面的例子，為什麼對於脾氣壞的老客戶，我們會把服務品質做到百分之兩百？就是因為我們經過前期的相處瞭解，已經對其形成了一個心理預期，知道這個人很難纏、很挑剔、脾氣壞。如果哪個地方出現了問題，他可能就要爆發。相反，對於那些脾氣好的客戶，我們同樣清楚，即便哪些地方做得不太到位，他也不會太在意和計較。

所以，在生活中，我們有時候需要從一個沒那麼好說話的人開始做起。因為如果別人從一開始覺得你比較講原則、比較「計較」，那麼他們對你的心理期望就會降低，也就不會對你有那麼高的預期。我們看到很多關係破裂的現象，都與期望落空有關。比如我們經常會聽到這樣的抱怨：

- 原來我以為你是個好人，沒想到你是這樣的人？
- 我們一直是兄弟，我有困難，你竟然都不幫我？

你看，此刻你用心經營的那些「好」，就全變成了負擔。有很多人會抱怨，說自己過得很累，大家總是向他提各種要求，為難他，其實這一切真的都是別人的錯嗎？未必，也許只是你一開始就給了別人過高的預期。所以我們在生活中，不僅不要對別人有很高的預期，更要懂得讓別人對自己不要有過高的預期，甚至要讓對方難以預知自己的行為模式。當別人對我們沒有期望時，我們偶爾一點點的舉動，說不定就會變成驚喜。

所以，我們要有兩點覺悟。第一，要學會製造障礙。有男孩子追你，他剛表白，你就同意了；對方求你辦事，你馬上就辦成了。這樣做是體現不了你的價值的，別人自然也不會感受到你付出的重要性。第二，不要讓對方預知你的行為模式。如果你做不到，那也要注意順序，最好是先苦後甜，先「壞」後好，這樣對方才不會一開始就對你形成高預期。

價值籌碼是王道

社會心理學中有一個重要概念：公平世界信念。就是說人們普遍持有一種信念，相信生活的這個世界是公正的，每個人都會得到所應得的。但是，任何結果都不是偶然發生的，而是與一個人的行為或者品行有著某種因果關係。

心理學家做過一系列實驗來研究人們對受害者的態度。實驗人員先招募一批女性參與者，讓她們觀察另一名女性（受害者角色）進行學習測試。每當受害者在練習中犯下錯誤時，都會遭受一次痛苦的電擊。

但是事實上，這個電擊是假的。無論是受害者，還是被電擊的反應，都是實驗人員設計好的。但參與者們並不知情，她們都覺得這個過程太慘烈，不忍觀看。不過隨著實驗的進行，參與者的態度有了轉變，她們對受害者的遭遇從同情變得充滿敵意。

在觀看完整個過程後，參與者被告知稍後將繼續觀看同一位受害者參加測試和被電擊的場景。一部分參與者被告知，受害者接下來要遭受的電擊將會變本加厲，而另一部分參與者則被告知在嚴酷的測試結束後，受害者將會被獎勵一大筆錢作為幫助完成實驗的酬勞。鑒於在上一階段的末尾參與者們對受害者產生的敵意情緒，實驗人員自然地認為，如果她們得知受害者會得到金錢獎勵，那必然會十分憤怒，心理失衡，甚至辱罵受害者。但實際上，當參與者知道受害者將會得到補償時，她們的敵意消失了，甚至會開始讚賞受害者。而那些被告知受害者會接受更多懲罰的參與者則更加充滿敵意，她們認為受害者被電擊是因為其表現不好，太笨或者智商太低，總是給出錯誤答案，等等。

這個結果表明，參與者希望相信她們自己生活在一個公正的世界裡。而在一個公正的世界裡，只有壞人才會得到懲罰，所以必須給受害者找到一個理由，來證明她是一個「壞人」。看完這個實驗，我們會發現，人或許沒有我們所認為的那樣「善良」，所以這種公平世界的信念，本質上算是一種基本的主觀錯覺。

不過這種信念之所以存在，必然是有存在意義的。形成這樣一個邏輯的好處大概就是，它為人們提供了一種對世界的可控感和安全感。這種心理上的可控感和安全感，對於人們適應複雜的社會環境具有非常重要的意義。

但不得不說的是，很多人之所以在現實生活中總是被傷害，也是因為過於迷信這種錯覺。因為真實的世界充滿各種不確定性，付出並不一定會有回報，所以如果對別人有過分的道德期待，到最後受傷的只能是自己。

一個人未必會因為曾經你對他好過而知恩圖報，但他會因為你現在手裡握著他未來想要的價值籌碼而對你以禮相待。

我們村有個老大爺，他有四個兒子、三個女兒。他早早地就把家裡的房子、地、存款等都分給了兒女，毫無保留。後來他不小心摔著了，把腿摔斷了，需要常年臥床，生活不能自理。結果這七個孩子都不想管老父親的事，甚至因為推脫贍養義務，差點大打出手。最後老人快不行了，醫院說還有治療的機會，但他們依然不願意掏腰包，直接放棄治療。老人就這樣走了。

老大爺很悲慘，可這就是人性。老大爺提前將所有有價值的東西全都無條件給了孩子，等到他需要用人伺候的時候，就成為拖累了。所以對孩子也好，對配偶也好，對員工也好，對合作夥伴也好，手裡握有價值籌碼才是王道。如果你把手裡的價值籌碼都提前貢獻完了，他們的行為很可能會讓你失望了。

所以，如果一個人企圖用情感來經營人生，那麼很可能把人生經營得一塌糊塗。因為情感是主觀的，容易以人的意志為轉移。我們要明白，價值籌碼是王道。如果你有價值籌碼，就擁有關係的選擇權和掌控權；如果沒有價值籌碼，而只有感情付出，或許會發現你的「善良」不僅讓自己傷痕累累，還會成為他人的負擔。感情誠可貴，價值價更高。讓自己成為對他人有價值的人，這個世界才不會辜負你。

第三章

金錢，可以檢驗人性

#悟透賺錢的底層邏輯

賺錢，是認知變現；賺不到錢，是認知有缺陷。如果你在現實生活中仔細觀察，就可以看到很多實實在在的例子。很多人每天工作很辛苦，但賺到的錢卻非常少，跟付出完全不成正比，為什麼呢？因為一個人賺不到認知以外的錢，這些人的認知還停留在靠體力賺錢的層次上。

而有些人的日子就過得很瀟灑，每天只工作幾個小時，但是賺到的錢卻是普通人的幾倍、幾十倍。因為他們的認知水準決定了他們看到的機會更多，賺錢的門路自然也就更多。

就像同樣面對一根魚竿，認知水準低的人只能想到拿去賣錢，而認知水準高的人卻可以想到用魚竿釣魚，然後把魚拿去賣錢；也可以苦練釣魚技術，然後透過教別人釣魚來賺錢；還可以研究魚竿的製作工藝，批量銷售魚竿……

同樣的東西，為什麼在不同人手中會產生不同的結果呢？生活在同一時代的人，為什麼有的人輕輕鬆鬆就能賺到大把的錢，有些人努力了一輩子卻還是混日子呢？歸根結柢，就是因為人的認知水準不同。

當然，還有一些人靠運氣賺到了錢，比如中樂透的幸運兒。沒錯，這些人因為幸運賺到錢了，但是如果不及時提升自己的認知，他們極有可能會把這些錢花光。一些中樂透的玩家，一下子獲得金額這麼大的財富，但結果是什麼呢？據追蹤調查發現，他們之後的日子竟然比中樂透之前更慘。

文化屬性決定層次和命運

文化屬性就是你大腦中被種植和灌輸的思想與價值觀。每個人所處的環境不同，接觸的圈子自然就不同，那麼大腦中被種植的觀念也就完全不同。為什麼普通家庭出身的孩子都在拚命考大學呢？因為父母告訴他們，只有上學才有出路。為什麼很多人在職場中面對屬於自己的機會卻不敢努力爭取呢？因為他們從小到大被灌輸的思想就是捨己為人，先人後己。

有人會認為，自己的想法都是自己生成的。其實是不對的，我們每個人都是環境的產物。自我們生下來到現在，腦袋裡的想法和思想很大一部分都是身邊的人給我們種植的。每個人都逃脫不了被別人影響的命運。法國社會心理學家古斯塔夫．勒龐也認為，在群體中，每一種情感和行為都極具感染性。他在《烏合之眾》中還提出群體無意識的觀點，即人們處於一個群體中要做出判斷時，理性的因素產生著微乎其微的作用，而情感、本能、欲望等無意識因素則佔據支配地位。這一切自然而然就導致了兩個風險。

第一個風險是容易思想狹隘。有些人覺得人生在世，遍地都是機會，賺錢很容易；有些人卻覺得賺錢比登天還難，一輩子都在做體力活，累死累活還賺不到錢。原因就是後者接收的資訊來源是單一的。他們對這個世界的所有認知可能只來自父母，卻從來沒有到外面的大世界闖蕩過。所以，父母說什麼，他們就信什麼，父母是做體力活賺錢的，他們也只能一輩子種莊稼。

我的一個朋友，農村出身，學歷也不高，但能抓住機會在老家做起自媒體行業。鄰居們都說他不務正業，沒有出息，不如打工賺錢可靠。他好心提醒道，目前自媒體是趨勢，一定能賺錢。但是沒有人相信他，都覺得他在異想天開，甚至連家裡人都反對他。可現在人家一個月賺好幾萬人民幣，村裡人這下都只能羨慕。

第二個風險是容易被錯誤或者過時的思想誤導。簡單說，就是你的大腦中被種植的那些思想未必就是真相。即使有些曾經是對的，但是隨著時代背景的變遷，這些早已變得不再適用了。

比如很多人都認為做銷售能賺到錢，但真正成功的銷售卻寥寥無幾。為什麼大部分人都做不好呢？很大一部分原因是太過信奉過來人的經驗，而不主動創新。結果兢兢業業去做，往往並沒有實現成交。

因為過來人的很多經驗是不對的，或者已經過時了，比如把真誠作為銷售的唯一祕訣，但事實上客戶買產品是為了解決自己的某個問題，只靠真誠往往打動不了他們。銷售真正應該做的是憑藉自己的專業知識，滿足客戶的需求，幫助客戶解決問題，這才是真正有效的方法。所以我們要明白，一旦選擇了盲從錯誤或者過時的思想，就有可能面臨失敗的風險。

尊重客觀規律，才能走得更遠

既然文化屬性是大腦被植入的思想和價值觀，不同階層的人，他們的思想和價值觀自然也是不同的，這就決定了各自命運的不同，這就是客觀現實。

每個人的文化屬性將自己導向了各自不同的命運。尊重客觀規律的人，或許能走得更遠。客觀規律其實很簡單，叢林法則就是一個客觀規律，它跟情懷、道德無關。一八五九年十一月，達爾文（Charles Darwin）發表了自己二十多年的研究成果，科學巨著《物種起源》（*On the Origin of Species*）。這本書面世後，迅速推翻了神創論和物種不變的理論，將「物競天擇，適者生存」的進化論思想根植在人們心中。而人們借助對自然界事物的觀察，也發現了這一理論的合理性。

在茂密的叢林中，一棵大樹盡力伸展著自己的枝幹，盡可能地佔著有限的空間，以便自己能呼吸到最新鮮的空氣，享受盡可能多的陽光照射，汲取大地的精華。於是它長得越來越茂盛，越來越粗壯，越來越偉岸。相反，生長在大樹旁邊的小草，它由於得不到更多陽光的照射和雨露的滋潤，變得越來越瘦弱乾枯。

後來，這一來源於自然界的生存法則，被更多地應用到人類社會中，成為社會叢林法則。這個法則在某種意義上來說就是一種客觀規律，人類社會必須適應這種規律，不適應它的社會都被淘汰了。人類社會的道德、法律、秩序，本質上都是為了贏得生存鬥爭而誕生的策略。

兩家共贏或是一家獨大，不過是在叢林法則中取勝的兩種策略。一旦條件改變，策略就必須跟著改變，沒有哪種策略能一直佔據優勢。常見的例子就是資源多寡的問題。生存資源富足的時候，團結有利於和其他群體爭奪剩餘資源；生存資源短缺的時候，必定會有人餓死，那麼共贏就不可能做到，只能允許一家獨大。

什麼叫作道德期望呢？我們一直生活在某個群體裡面，或者長期受到某種道德思想的薰陶，就自然而然地覺得，自己只要做出了符合這種道德取向的行為，就能得到符合預期的回應。比如好人就有好報，付出就有回報，和自己建立了感情關係的人就永遠不會出賣自己。這些本質上都屬於弱勢文化屬性的象徵，因為你總想獲得別人對你的拯救。

文化屬性決定了一個人的認知，以及對萬事萬物的底層邏輯的洞悉程度。如果看不到事物的客觀規律，就容易被人性弱點和弱勢文化所控制，過於追求短期利益，在做事上過分依賴別人，容易失去對事情的掌控權。即便運氣好，遇到貴人，也只能是爬到井口望一眼，然後再跌進去，因為文化屬性影響著一個人的宿命。

滿足人性的自私，才有可能賺到錢

這個戰略到現在也一直在被使用，誰把同樣優質的產品賣出更低的價格，誰就是商業的贏家。包括很多商家想要搶佔市場，他們是怎麼做的呢？就是看市面上哪一家的同類產品做得好，他們就免費賣這個產品，目的是獲取客流量。等到人被圈進來之後，商家再透過賣其他產品盈利。

我有個開輔導班的朋友，一開始他找不到學員，生意很不好，那他怎麼做的呢？他觀察到附近培訓班的英語課程辦得非常好，於是他就包裝了類似的課程，並免費送給學生。他很快就把學生資源搶佔過去，並透過賣其他課程賺了不少錢。

你要明白，人很多時候是自私的。商家能滿足顧客的自私，讓顧客佔到更大的便宜，那就能獲得顧客。老闆能滿足員工的自私，讓員工得到更大的利益，那就能獲得員工。所有看似不可能的事，其實本質上是合情合理的，恰恰是因為你看不到人有自私的一面，所以才覺得不可思議。

人際交往也一樣，如果只懂得一味付出，千方百計去討好別人，拚命維護關係，只能看到事物的表面，卻看不破人際交往的底層規律，那是經營不好關係的。我經常說的是：「你進入社會後一定要沉下心來好好鑽研一個領域，先提升自己的能力，修練自己的不可替代性。當你有價值了，別人能從你這裡獲利了，你再去經營人脈。」

所以，很多時候，你不要抱怨付出多少努力，過程有多辛苦。人難免有自憐的情緒，會因為自己做了一些事就陷入自我感動中，但是這沒有用。社會既公平又殘酷，你如果對別人有著很高的道德期望，最終受傷的只能是自己。

當你做了很多，卻依然沒有得到想要的結果時，就要學會停下來，審視一下自己的認知水準，看看自己有沒有遵循底層規律辦事。洞悉萬事萬物的底層規律，從本質入手，很多時候，一件事只有想明白了，你才能做明白。

#你賺的每一分錢只會在認知空間內震盪

你這輩子賺的每一分錢都只會在你的認知空間內震盪，你永遠賺不到你認知世界之外的錢。

認知是什麼？兩隻猴子為一根香蕉爭得頭破血流的時候，有人拿起旁邊的鑽石走了。猴子並非沒有能力搶鑽石，而是自始至終就不知道還有比香蕉更值錢的東西。這就是認知高低的區別。你當作稀世珍寶的東西，在別人的眼裡可能一文不值。大多數人只看到了事物的表面，而沒有悟透事物的本質。

錢很重要，愛錢沒什麼不對

一提到錢，很多人都有偏見，覺得金錢是萬惡之源，不要談錢，談錢不僅傷感情，而且太庸俗。可是事實上，人生中很多苦惱和遺憾都是沒錢引起的，有錢真的可以解決很多問題。所以，不要對金錢本身有偏見。當然，錢也不是萬能的，有錢也辦不了所有的事，比如買不到幸福，買不到健康。錢當然不是萬能的，但是有錢可以讓你離想要的東西更近。

比如你跟一個女孩子結婚了，你有錢就能提供她更好的生活，就能避免諸多煩惱。這難道不是一種幸福嗎？如果沒錢的話，你甚至連製造一些小浪漫都做不到。再說健康，如果你有足夠多的財富，你可以請私人醫生，定期檢查自己的身體狀況。現實生活中有多少人，因為沒錢，生病了都捨不得去看醫生，更別提檢查身體狀態了。

所以，我們趁著年輕一定要多賺錢。成年人的底氣在一定程度上都是錢給的。

我們村有個老太太，她有兩個兒子。大兒子大學畢業後去創業，現在身家好幾百萬，但是不怎麼孝順。二兒子性格安分守己，老老實實地在工廠打工，人很善良，也挺有孝心。可是這個老太太就是看不起二兒子，覺得他沒出息，總是想方設法地討好大兒子。雖然大兒子的錢財或許不會用在老太太身上，但老太太對於兒子的情感，卻在一定程度上被金錢所左右了。

從本質上來說，金錢不過是一件死物，離開了人之後，錢是毫無意義的。就像《你懂這麼多道理，為什麼過不好這一生？》這本書裡所說的，金錢更多的只是一個媒介，是人用來換取商品和服務的中間態。人的目標是透過金錢換取商品和服務，從而得到自己想要的情緒體驗。不過可悲的是，很多人卻錯把這種媒介當成目的。這就好像我們吃泡麵是為了活著，但是活著並不只是為了吃泡麵。

所以，當一個人被生活的煩惱和痛苦蹂躪時，就覺得是金錢有問題，是金錢奴役了他們，認為金錢是萬惡之源，這是不合理的。正如中國財經作家吳曉波所說：金錢讓人喪失的，無非是他原本就沒有真正擁有的。而金錢讓人擁有的，卻是人類並非與生俱來的從容和沉重。金錢會讓深刻的人更深刻，也會讓淺薄的人更淺薄。金錢可以改變人的一生，同樣，人也可以改變金錢的顏色。

不僅如此，從某種意義上來講，賺錢甚至反而是一件很有道德的事。因為錢本身是一種媒介，是一種價值的計量單位，所以一個人在自由市場之下賺到的錢越多，其實也意味著他對社會的貢獻越大。其中的邏輯是這樣的，別人向你付錢，是因為你先向他們提供了價值，所以你獲得的金錢越多，意味著你提供的價值越大，也就是你幫助的人越多。正因為如此，我們才不要羞於談錢，甚至要積極地賺錢。

會賺錢，也要會花錢

在窮人的世界裡，賺錢是最難的，但真相是花錢才是最難的。只要是一個正常人，他不管是做體力勞動還是腦力勞動，都能賺取一定的收入。接下來這筆收入怎麼花，才真正決定了他未來能成為窮人還是富人。

在我看來，一個人賺到一定的錢後，需要從兩個方面去考慮如何花錢。一個是為了繼續經營所做的採購活動，一個是為了生活所做的消費活動。

先來說第一點，比如你開了一家餐廳，賺到了一些錢，那麼你想要維持或擴大經營規模，就需要拿出其中的一部分錢用來學習行業的先進經驗，研究新的菜品。那麼很顯然，不只是開餐廳如此，對於我們個人來說更是如此。我們在積累了一定的金錢之後，明智之舉就是要拿出一部分錢用以投資，提升自己的價值，這樣才能更大程度地獲利。

金錢不過是價值的外在表現，與其執著於金錢，不如用金錢來提升自己未來賺到更多錢的能力。這一點在德國理財暢銷書《小狗錢錢》（*Ein Hund namens Money*）裡就有提到，簡單講就是要養肥自己的「金鵝」，也就是積累我們的原始資本，這樣錢才能像滾雪球一樣越積越多。

至於第二點，也就是為了生活所做的消費活動，也沒那麼簡單。因為在進行消費活動的時候，必然會涉及一個概念：效用。什麼是效用？簡單的解釋是情感上的滿足程度，這是一個具有高度主觀性的指標。同樣一個消費品，它在某些人眼中可能是高效用的，而在某些人眼裡則可能是低效用的。同一個人在不同的狀況下對同一商品的效用評價也可能不同。因此，我們不要拿自己的標準去評價別人的消費行為。

你可能還會問，那麼到底是時間重要還是錢重要？花錢買時間值得嗎？

說實話，這個問題的爭論由來已久。有人覺得當然是金錢更重要，也有人覺得能用錢搞定的事情，就別花時間。說實話，我曾經也是深深地支持後者，但是在經歷了很多事後，我覺得無論哪一種觀點都有些極端了。為什麼這麼說呢？

我們可以首先思考一下，什麼人會更同意「能用錢搞定的事情，就別花時間」這句話，毫無疑問，一般都是錢多、時間少的人。對於他們來說，這句話自然是對的，因為他們的時間確實更值錢。

但是對於普通人就未必了，大部分普通人的時間並不值錢，而且他們的現狀基本都是錢少、時間多。所以讓他們也盲目地去用錢買時間，似乎並不合理。

看到這裡，其實你就能理解為什麼老闆明明自己會開車，但是還要請司機。對他來說，自己的時間更值錢，不管是用來休息一下，還是用來處理其他事情，都比開車更划算。包括我們平時所說的「專業的事，交給專業的人處理」，這背後的邏輯也是一樣的。如果為了省錢，就自己硬著頭皮上，或者找了些便宜但不專業的人來做，短期來看當然是獲利的，但從長遠來說，反而會遭受更大的損失。

記得我剛開始賺錢的時候，父母經常教導我要節儉，要存錢，因為他們就是這樣做的。可是後來，我主動改變了規劃，開始將一部分錢用於學習和投資，這才有現在的成就。

這個時代發展太快了，金錢一直在貶值，把錢花在消費上，或者說辛辛苦苦地存錢，那只能繼續辛辛苦苦地賺錢。只有用金錢去投資，去變現，去提升你的價值，才不會虧本。很多人總覺得賺錢是一種能力，其實花錢才是一種藝術。很多時候，你差的不是賺錢的能力，你只是沒有把錢花在對的地方。

不要對初次見面的人過分大手筆

人性的一個真相是，人們都會習慣性地牢記第一次被對待的標準，並以此來衡量對方未來的付出。所以很多時候，你需要做的是，一開始不要過分大手筆，給別人過高的預期。舉一些例子：

第一次見面，你請對方吃一千元的大餐；第二次只請對方吃了一百元的家常菜，對方就會覺得你變了。

你第一次去女朋友家，手裡拿著海參、鮑魚等各種高檔禮盒，女朋友的父母可能笑顏逐開，熱情地招呼歡迎你進門，可如果第二次你只提著一袋子水果去，很可能會吃閉門羹。

你看乞丐可憐，給他一百塊錢，他可能會心存感激。你再見到他的時候，好心跟他解釋「我有女朋友了，這次只能給你五十塊錢」，他不僅不會感激，甚至還會質問為什麼要用他的錢來養你的女朋友。

心理學上有一個第一印象效應，簡單說就是我們在人際交往中要努力給人留下好印象。但很多時候如果你一開始用力過猛，給別人留下了很高的預期，接下來就只能讓別人失望了。所以要善用人性，不然你會經常受傷。是人就有欲望，有欲望就有預期，有預期就有反差。因此施恩要自薄而厚，這裡面是有人性邏輯的。

#營造錯覺，左右對方的價值判斷

你有過被人騙的經歷嗎？你有沒有深刻思考過，你到底是如何被騙的？接下來我會從人性的角度為你剖析一下所謂的「騙術」。看完之後，你可能會對人性有更為深刻的認識。在這之前，我們先看幾個故事。

故事一：狐假虎威其實是一部攻心大計，但是老師不會告訴你

狐假虎威這句成語源自《戰國策》的寓言故事，是春秋時代一個叫江乙的謀士告訴楚宣王的。老虎乃森林中極為兇猛的野獸之一，有一次，老虎捉到一隻狐狸，正當老虎要把狐狸吃掉的時候，狐狸哈哈大笑。

老虎問：「你為什麼不怕死？笑什麼？有什麼好笑的？」

狐狸說：「我敢跟你打賭，你是不敢把我吃掉的。如果我輸了，你就一口把我吃掉。如果我贏了，就可以證明是上天派我來管制你的，我才是真正天命所歸的百獸之王。」

老虎說：「哼！你是百獸之王？我才不相信！我要一口把你吃了！」

狐狸說：「你吃了我，你會遭受天譴，死無全屍。森林裡所有的動物都會聯合起來對

付你！如果你不相信的話，可以緊緊跟隨在我的後面，你就會發現，所有的動物見到我都會嚇得四處逃跑！」

森林裡最威武的動物到底是老虎還是狐狸？動物們是害怕見到老虎還是狐狸？這是非常有名的典故，連小學生都聽過。不過老師們通常會告訴小朋友，故事裡的狐狸是影射沒有真才實學的無恥小人，假借大人物的威勢來欺壓善良之人。其實，我們還可以從人性心理學的角度來看狐假虎威。

首先，狐狸不是耍陰謀詭計，而是在生死關頭爆發了強大的臨危應變力。換角度思考，很多人在生活中，甚至還沒等老虎靠近，就已經閉上眼睛，準備好接受悲慘的命運了。這世界上有兩類人，一類是強者，一類是弱者。強者在遇到問題的時候，首先做的是接受現實，然後在當下的基礎上快速思考如何做才能解決問題。弱者則截然相反，他們要麼選擇安安靜靜地接受，絲毫不反抗，要麼就是逃之夭夭，逃避問題。

所以，在這個世界上，每個人都很需要具備現實主義精神。我們不要抱怨為什麼自己的人生這麼不幸，會發生這麼糟糕的事，而是要現實一點，充分地活在當下，接受當下，去思考在目前的情境下，自己可以做些什麼來最大程度地規避損失，來讓目前的情況變得更好。

其次，我們以前總是淺顯地認為狐狸太奸詐，其實這背後的真相是牠對人性的拿捏。在老虎的認知裡，牠是百獸之王，可以掌握一切。但是狐狸聰明的地方就在於巧妙借勢，嚇跑了其他動物，還讓老虎誤以為狐狸真是上天派來的。一方面，狐狸借老虎的勢，嚇跑了其他動物，甚至未來再遇到其他動物時，牠都可以昂頭挺胸地說：「你們知道我的朋友是誰嗎？是老虎！」另一方面，牠也借了其他動物的勢，其他動物都嚇得逃跑了，結果老虎一看，真以為狐狸是老大，於是就不敢吃牠了。

故事二：空城計背後的哲學智慧

空城計的故事大家都聽過。諸葛亮為了實現劉備的夙願，率領大軍北伐曹魏，但因錯用馬謖而失掉了戰略要地街亭。司馬懿打敗馬謖之後趁勝追擊，然後又率領十五萬大軍奔西城而來。而此時在西城的諸葛亮裝備跟不上，技術又差，城中剩下的還都是老弱殘兵，即將面臨被虐殺的困境，怎麼辦？

諸葛亮索性就大開城門，安排幾個上年紀的老百姓在大門口若無其事地掃地，自己則坐在高臺上，氣定神閑地彈起琴來。結果這司馬懿一看，犯嘀咕了：這傢伙竟然這副狀態，莫不是引我入城？我才不上當，撤……結果，一場危機頃刻間煙消雲散，為何？

我們常常感歎諸葛亮的高超計謀，但是對背後的人性邏輯卻從來沒有深入分析過。諸葛亮之所以能夠憑藉這些老弱殘兵嚇退對手，其實有兩個核心。

第一，諸葛亮對情緒有超高的掌控力。普通人在面對災難性事件時，恐懼、膽怯、絕望等負面情緒往往會一擁而上，徹底淪為情緒的奴隸，大腦停止思考，只能選擇聽天由命。但強者雖然內心也會有各種負面情緒，但他們並不抗拒這些情緒，反而是允許它們存在，只是不過分關注它們，把更多的注意力放在「審視己方情況」、「思考如何應對」、「有效行動是什麼」上。這一點非常關鍵，一個人如果做不到這一點，就只能被情緒吞噬，即便具備能力，很多事也做不到。

第二，透過營造錯覺，干擾司馬懿的判斷，讓對方形成了己方需要的預期。諸葛亮選擇正面開戰必然毫無勝算，唯一可行的策略就是借助司馬懿不知道自己真實情況的優勢，故布迷局，虛張聲勢，讓司馬懿形成「此事沒那麼簡單」、「可能有埋伏」的預期，不敢妄動，以死中求生。你可以試想一下，若是諸葛亮站到城樓上大喊：司馬狗賊，我城裡有百萬大軍，你快退去吧！那司馬懿會真的退去還是攻進來？

當然這也帶出了一個重要的資訊：人更相信自己得出的結論，而不是別人告訴自己的！諸葛亮毫無疑問就極為擅長這一點！

「空城計」啟發我們要透過營造錯覺，來更改對方的價值判斷。想要更改一個人的價值判斷，並進一步影響、說服、改變一個人，最直接的手段就是包裝自己。你不需要直接說謊，而是在沒有良心衝突的前提下，策略性地利用人類的錯覺判斷，間接地向他展示你要他相信的現象，以讓對方一廂情願地做出對你有利的假設。

這裡面有兩個核心步驟，首先就是避免良心衝突。很多人被傳統道德薰陶已久，所以他們很難去刻意營造一些錯覺，更不願意運用一些手段。他們覺得這有違自己的良心，內心會極度不安，所以自己這一關，他們首先就過不了。

其次就是不用直接說謊，而是利用人的錯覺判斷，讓對方自己得出你想要他得到的結果。舉個例子，你如果想要讓對方得出「你很有錢」的判斷，並不用去直接告訴對方你很有錢。你可以開輛豪車去接他，中途以回家拿東西為由，無意中暴露你的豪宅就可以了。你什麼也不用說，但是對方會主動做出你想要他得出的假設。

安全管理中有一個很著名的海恩法則，意思是每一起嚴重事故的背後，必然有二十九次輕微事故和三百起未遂先兆以及一千起事故隱患。反過來講就是，每一件事物產生時都會有其所附帶的徵兆。所以我們不用直接去說明什麼，而是可以透過製造一些徵兆，來故意迷惑對方，讓對方一廂情願地得出我們想要他做出的假設。

比如，我們看到煙，就會推斷著火了；看到海平面上方出現冰山，也會合理推測更大的部分藏在海面下。所以，想要別人相信你有火，你可以先製造煙；想要別人相信你有冰山，你可以先去製造冰山一角。

欺騙是營造一種錯覺

我並非鼓勵大家學會騙人。危害他人的欺騙自然是不對的，也是該遭到嚴厲打擊的，但我們也要學會接受利用策略來引導他人做出我們所期待的判斷。

《孫子兵法》一開始就教大家：兵者詭道也。詭是千變萬化、出其不意的意思。道的原意是途徑，引申為方法與計謀。所以《孫子兵法》一開始就點明了核心，用兵打仗是一種變化無常之術，需要運用種種方法欺騙和迷惑敵人。透過不斷地製造玄虛，讓敵人摸不透我方的真實意圖，從而打亂敵人的戰略思想、兵力部署和運行節奏。在這種情況下，敵人就會由實轉虛，由有備轉化為無備。

美國科學家曾經做過一個實驗，把三歲左右的孩子單獨放在有攝影鏡頭的房間裡，告訴他們，不可以偷看桌上的「驚喜玩具」。然而，研究人員發現，幾乎所有的孩子都偷看了，並且，研究人員詢問的時候，孩子們都說自己沒有偷看。

多倫多大學的發展心理學家李康教授（Kang Lee）在研究孩子撒謊問題二十年後發現：兩歲的孩子中只有三十％的人會說謊；三歲的時候，五十％的孩子會說謊；到了四歲的時候，八十％以上的孩子會說謊。也就是說，四歲以後，幾乎所有孩子都學會了撒謊，甚至會使用更複雜的騙術，目的是不讓別人完全知道他的內心世界。

心理學上有一個概念叫作界限感，其實也與此有關。孩子在十個月大的時候會一刻不停地到處探索這個世界，這段時間也是孩子最離不開人監護的階段。在孩子探索的過程中，父母既要讓他知道安全與危險的界限，又要幫他清晰地認知自己和別人之間的界限。有了這些早期的基礎，孩子的界限感慢慢就會開始建立，而保持界限感的必要手段之一就是說謊。因為孩子開始有能力說「不」，也開始自主決定什麼東西可以被別人知道，什麼東西不可以被人知道。

對於成年人來說更是如此。研究發現，在關係發展的不同階段，人們需要維持著不同的心理距離。雖然親密伴侶對彼此的暴露程度更高，但也並非可以完全地坦誠相待，毫無隱私。所以在某些層面，謊言是不可避免的，它可以幫助我們控制自我暴露的程度，維持適當的距離，從而保護自己與對方的個人邊界不受破壞，留有自己私密的領地。

另一方面，在自然界中，騙也是動物在謀求生存過程中的一種基因和本能。很多弱小的動物都懂得利用保護色來欺騙天敵，逃過被捕殺的厄運。所以我們要明白，騙人的目的並非一定是邪惡的，有些騙人的行為出發點其實也很簡單：第一是為了要保護自己，第二是維護雙方的關係，第三是自利的行為。而很多人不接受、不承認，只不過是因為被主流價值觀薰陶太久了，所以不想被別人扣上「騙子」這個稱號而已。

該如何避免被騙？

美國作家馬克．吐溫（Mark Twain）曾說過：「我們都說過謊、騙過人，也都必須說謊騙人。」所以為了避免被騙，我們要學會識別魔鬼的騙人技巧，他們說謊的時候往往是二真一假、一假二真，或者一真二假……。

高手騙人絕不會笨到全部講假話，因為全假的謊言很難令人信服，要人信服就必須做到真真假假，假假真真。也就是說，在一大堆的謊言當中，必須要夾帶著幾句很明顯的真話，這樣聽的人才會信以為真。

不知道你是否瞭解過網路賭博騙局，裡面的套路其實就是這個邏輯。我有個朋友就因為沉迷於網路賭博，半年輸了一百多萬元，他是怎麼掉進坑的呢？騙子的套路基本上分為這三步。

第一步是先讓你嘗到甜頭，打消你的顧慮，並且勾起你的貪婪欲望和僥倖心理。一開始，他和多數賭徒一樣，只是準備用幾百塊錢去嘗試，打發無聊的時間，對輸贏根本就不在乎。但是玩了幾把，還真的就贏了，但他仍然半信半疑，覺得哪有這樣的好事呢？直到收到現金匯入的銀行簡訊通知，他才打消了大部分顧慮，不過此刻仍然沒有完全相信。

第二步是欲擒故縱。朋友贏了點錢後，也想戒賭，還看到很多人說不賭為贏，但還是心存僥倖，覺得自己不會像他們那樣。但很顯然，天真的他低估了莊家的套路，也高估了自己的自控能力。在賭博前期，每天贏一點錢慢慢成了習慣，他也確實能做到不貪收手。直到有一天，錢沒有贏到，他反而把充進去的錢全部輸掉了。於是，他又充了幾百塊錢，下注比以前稍微大了一些，這次居然贏了，他前面輸掉的錢轉眼間就贏回來了！接下來的一段時間，有時候小贏就收手，有時候就一直輸。如果加大賭注的話往往能贏，而且整體算下來還能小贏點。於是不知不覺中，他就陷入了賭局的第二個套路——深信這個賭局是有輸有贏的，只要捨得下本，贏回來是很容易的。

第三步是輸多贏少，越走越遠。經過了前兩步的鋪墊，莊家就開始真正「釣魚」了。在接下來的時間裡，朋友每天不僅贏不到錢了，反而還會輸掉幾百元。而且，接連幾天甚至數十天都是這樣，每天算帳結果都是只輸不贏。若是加大賭注之後，他又偶爾能贏點錢。於是不知不覺中，充值和下注的金額越來越大。畢竟時而贏幾次錢，會逐漸放大賭徒的貪婪欲望。因此，這就是網賭的第三個套路：輸多贏少，誘使你增加下注金額，慢慢地越走越遠！最後的結果就是，每天要輸掉很多很多錢，才能贏回一點點錢，不知不覺中，朋友差不多輸掉了一百多萬元。

這就是騙術的頂級運用，通過真真假假，真中有假，假中有真的策略，一步步地迷惑你，騙取你的信任，最終讓你掉入迷局，真是防不勝防。

當然，我的目的並不是讓你去騙人，你要搞清楚兩個概念，帶著邪惡目的、弄虛作假的騙人才是不道德的，但是如果你的目的是良善的，有時候運用一些手段無可厚非。最後，請讓我像一個七八十歲的長者一樣給你一段忠告：你可以合理地騙人，也一定會有被人騙的時候。當你被騙時，請不要罵人，問一問自己：為什麼要這麼容易相信人？當你開始學習包裝手段，學習營造錯覺，改變對方的價值觀時，一定要記住下面的這個權謀法則：不信永遠會比誤信更加安全，懷疑是一種自保能力！

PART 2
認知覺醒

提升認知，看破生活假象

第四章

沒有交換意識，哪有人脈關係

#怕小人，不算無能

我們小的時候都喜歡聽童話故事，這是沒有問題的，因為我們的內心可以培養起愛。但是成年人進入社會，首先要意識到的就是，社會不是童話世界，有些人性的真相必須早一點懂。如果一味地活在自己假想的世界裡，這樣終究會傷到自己。接下來，我會從人性角度，講一講很多遮掩在皮囊下的人情世故規則，看明白這些能夠讓你少受傷害。

不小看任何一個人，特別是小人

很多人在生活中總是受傷，其實很大一部分原因就是無形之中得罪了小人。常言道：「寧可得罪君子，不可得罪小人。」那為什麼會形成這樣一個邏輯呢？《論語》有言：「君子坦蕩蕩，小人長戚戚。」簡單說，就是得罪君子，他至多也就是疏遠你，但是他們行事磊落，絕不會暗地裡報復你。而小人則不同，他整日盤算的是個人得失，一旦得罪他，他就會糾纏不休，明裡暗裡報復你，讓你防不勝防。

《史記》裡記載了這樣一則故事。西元前六〇七年，鄭國出兵攻打宋國。宋國派華元為主帥，統率宋軍前往迎戰。兩軍交戰之前，華元為了鼓舞士氣，就殺羊犒勞三軍將士，但是忙亂中忘了給他的馬夫羊斟分一份，結果羊斟便懷恨在心。

交戰的時候，羊斟對華元說：「疇昔之羊，子為政，今日之事，我為政。」意思是分發羊肉的事你說了算，今天駕馭戰車的事，可就得由我說了算了。說完，他就故意把戰車趕到鄭軍陣地裡去。結果，堂堂宋軍主帥就這樣輕易地被鄭軍活捉了。宋軍失掉了主帥，因而慘遭失敗。華元的被俘就印證了一句老話：寧負十君子，不惹一小人。

與華元疏忽提防小人不同的是，我們來看看大唐名將郭子儀是如何應對小人的。郭子儀在朝當官的時候德高望重，為了讓人不猜忌，他就天天開著大門，允許其他人自由出入。百姓們總能看到他伺候夫人、女兒們洗臉，而且他會見其他大臣的時候也都很不正式，妻子、婢女都在一旁。可是他每次見盧杞的時候卻非常正式，會屏退所有侍女和家人。為什麼呢？

因為盧杞長相醜陋，心胸狹窄，而且是個大奸臣。郭子儀知道，如果侍女在一旁有可能會嘲笑他，他必然懷恨在心，伺機報復。所以郭子儀在他面前表現得非常恭敬，這讓盧杞的虛榮心得到了極大的滿足。後來，盧杞從中丞升到宰相，唯獨沒有難為郭子儀一家。

所以，透過這兩個小故事，我們就要深刻地意識到，對於小人，一定要謹而慎之，敬而遠之，不要輕易得罪。因為小人做事大都是沒有底線的，後果往往也是我們難以預估和承擔的。當然，對於小人也不是要你一直忍讓，只是出手的時候，要做到不給對方報復的機會。

此外，能夠成大事的人都懂得聚合眾人之力。德國管理界有這樣一句名言：「垃圾是放錯位置的資源。」清朝的顧嗣協也寫過這樣一首詩：「駿馬能歷險，力田不如牛。堅車能載重，渡河不如舟。舍長以就短，智者難為謀。生材貴適用，慎勿多苛求。」

其實這些都是在告訴我們，用人要揚其長而避其短，根據人才的能力，將其任用到恰當合適的職位上，沒有絕對意義上沒用的人。那麼對於小人來說也是一樣的，他們也有著屬於自己的價值，關鍵在於能否把他們放在合理的位置上。

武則天剛登上皇位的時候，朝野間充滿著對她的牴觸，都反對女人做皇帝。武則天就重用來俊臣等酷吏，羅織各種罪名，把那些反對她的大臣全部找理由給處理了。這就是小人的作用，這些事情，皇帝親自去做肯定是不合適的，那就需要有一些鷹爪為自己處理這些事。

所以，不要小看任何一個人，哪怕是特別小的人物，因為他們在適當的時候往往能發揮出很大的價值。只是這種價值是正向的還是負向的，則取決於你如何與他們相處。

面對敵人，要麼一擊致命，要麼忍到你能一擊致命

當你還沒有足夠的實力，對付敵人不能一擊致命的時候，要學會隱忍，先為自己謀求安全的發展空間，再默默地壯大自己的實力。為什麼呢？因為這時候你剛嶄露頭角，就去跟對方對著幹，那別人也許直接就把你滅了。那不要報仇嗎？也不是，忍氣吞聲是一時的，你得熬到自己實力足夠了，再去給對方致命一擊。我們一起來看臥薪嘗膽這個故事，你就能明白。

春秋時期，吳越兩國相鄰，經常打仗。有一次，吳王領兵攻打越國，被越王勾踐的大

將靈姑浮砍中了右腳，最後傷重而亡。吳王死後，他的兒子夫差繼位。三年以後，夫差帶兵前去攻打越國，以報殺父之仇。西元前四九四年，兩國在夫椒交戰，吳國大獲全勝，越王勾踐被迫退居會稽。吳王派兵追擊，把勾踐圍困在會稽山上，情況非常危急。

此時，勾踐聽從了大夫文種的計策，準備了一些金銀財寶和幾個美女，派人偷偷地送給吳國太宰，並透過太宰向吳王求情，吳王最後答應了越王勾踐的求和。但是吳國的伍子胥認為不能與越國講和，否則無異於放虎歸山，可是吳王不聽。

越王勾踐投降後，便和妻子一起前往吳國。他們夫妻倆住在夫差父親墓旁的石屋裡，做看守墳墓和養馬的事情。夫差每次出遊，勾踐總是拿著馬鞭，恭恭敬敬地跟在後面。後來吳王夫差有病，勾踐為了表明他對夫差的忠心，竟親自去嘗夫差大便的味道，以便來判斷夫差病癒的日期。夫差病好的日期恰好與勾踐預測的相合，夫差認為勾踐對他敬愛忠誠，於是就把勾踐夫婦放回越國。

越王勾踐回國以後，立志要報仇雪恨。為了不忘國恥，他睡覺就臥在柴薪之上，坐的地方掛著苦膽，以提醒自己不忘艱苦。這也是「臥薪嚐膽」這一成語的由來。經過十年的積澱，越國終於由弱國變成強國，最後打敗了吳國，吳王羞愧自殺。

勾踐為什麼一開始失敗了？因為他的國力不行，所以才會戰敗被抓。那為什麼最終又能反殺吳王？因為勾踐能忍，而且從吳國逃走後，繼續臥薪嚐膽，秣馬厲兵，最終將夫差反殺。

所以我們得明白，一旦要選擇傷害對手，就要徹底剷除對手報仇的能力和機會。義大利政治哲學家馬基維利（Machiavelli）在《君主論》（*The Prince*）中其實就講過這樣的觀點。在他看來，所有的行動都是有風險的，所以謹慎不是避免危險，而是計算風險，然後果斷行動。要犯野心的錯誤，而不是懶惰的錯誤。培養大膽做事的能力，而不是受苦的力量。

實力不夠，要懂得韜晦

很多人都有成大事的野心，但是如果你的野心沒有相應的實力做匹配，那就不要強出頭。你應該做的是先將自己的野心埋藏在心底，獲得一個安全發展期，然後不斷地提升自己的實力，厚積薄發。從權謀角度講，這叫作韜晦術。

關於韜晦術，它的核心點有兩個：第一個是承認自己弱小，你只有承認自己弱小，才能真正明白好死不如賴活著，活著才會有機會。第二個是隱藏自己的目的，讓別人看不透你，這樣你才能夠出其不意，攻其所不備。那麼除了兩個核心點之外，韜晦術還包括五大方向，分別是志向方面的掩飾、才能方面的掩飾、生理方面的掩飾、名望方面的掩飾、情感方面的掩飾。

什麼叫志向方面的掩飾呢？就是說一個人志向太大了，就會讓你的長官、同事感覺受到威脅，對你感覺不爽，接下來自然要打壓你，甚至陷害你。有一部電視劇名為《三十而已》，其中有一段情節就講了這方面的道理。

當時王漫妮有望成為副店長，可是卻被誣陷拿客戶的收據兌換積分存在自己的卡裡，導致她差點就被公司開除，被這個行業列入黑名單。雖然最後澄清了，是她的同事陷害的，但為什麼會陷害她呢？就是因為她是一個新人，但是她的志向非常大，上來就想當副店長，可別的同事都是在這裡做了五六年的老員工了。每個人都等這個位置等了不知道多久，卻半路殺出來一個程咬金，別人能不懷恨在心嗎？

所以，有野心是一件好事，但是在你還弱小的時候，還不足以對抗別人的時候，就先把這種野心和志向隱藏起來，省得招惹麻煩。

什麼叫才能方面的掩飾呢？這裡面有一個反例是楊修的故事。楊修絕頂聰明，才能過人。可他為什麼被曹操殺了呢？就是因為他太聰明了，曹操要做什麼，心裡的想法是什麼，他都一清二楚，曹操就很沒面子，所以把他殺了。包括我們在職場裡其實也是一樣的，很多時候你有功勞了，做出成績了，沒必要對功績大包大攬，招來同事的嫉妒、長官的不滿。我們要學會藏鋒，以免樂極生悲。

生理方面的掩飾非常好理解。比如說追求女孩子，你明明內心很喜歡這個女孩子，但是最好不要表現出來。一旦你千方百計地去討好對方，那在對方眼裡，你的價值將會大打折扣。所以，一開始你就要用一種淡定的態度跟對方建立信任，引起她的興趣，並最終被你吸引。

什麼叫名望方面的掩飾呢？如果說你看過《琅琊榜》，那麼你對這一點的體會就會非常深刻。為什麼當初身為一代賢王的祁王最後落得被賜毒酒的下場呢？因為他不懂得掩飾自己的名望。

他在朝野內外的名氣太大了，導致天下百姓只知道有祁王，而不知道有皇帝。朝堂內的文武百官也都唯祁王馬首是瞻，皇帝心裡能不慌嗎？即使是他親爹，內心也是忍受不了的。所以逮到個導火索，這事就爆炸了。

情感方面的掩飾，其實很多時候體現在一個人的喜怒哀樂上。很多看似喜怒無常的領導者，都是懂得駕馭人性的高手。因此他們善於掩飾自己的情緒，下屬對自己的心理琢磨不定，摸不准自己的脾氣。因為一旦別人摸准了你的脾氣，瞭解了你的習性，那麼你就容易被別人一眼看穿。

總之，人在江湖身不由己，當你實力不夠的時候，一定要學會低調，不要強出頭，這是最好的自保手段。同時，你也可以以此為自己謀得一個安全發展期，儘快地壯大自己的實力。

#為自己的人生負責，不要過度依賴他人

很多人的一生為什麼會過得很悲催呢？其實一個核心原因是他們「靠」的思想太深，他們把自己的命運交給別人掌控著，一味地依靠別人，不敢為自己的人生負責，難以發展屬於自己的力量。所以，他看似活著，但其實不過是一具皮囊，沒有任何生命的體驗。而且，當你過分地依賴別人的時候，會產生兩個弊端。

第一，形成寄生心理，失去自我認知

生活中有這樣一類人，他們會把自己的人生價值全部寄託在與別人的情感關係上。有一種心理問題叫作「消極性依賴人格失調」，講的就是這種情況。它往往出現在因感情失意而極度沮喪的患者身上，他們無法忍受孤獨，甚至經常產生輕生之念。比如這類人會痛苦地說：「我不想再活下去，我沒有丈夫了，活著還有什麼樂趣？」

這本質上就是因過度依賴而形成的寄生心理，在他們看來，一旦沒有了別人的照顧和關心，就認為自己的人生不夠完整，以致無法生活。這類人往往會苦苦思索如何獲得他人的愛和幫助，卻沒有精力去愛自己。他們孤獨寂寞，永遠無法體驗到滿足感，而且沒有自

我認知，關注點永遠在別人身上。

在《心靈地圖》（*The Road Less Traveled*）一書裡，作者史考特・派克（Scott Peck）說道，這種人具有某種「容易上癮的人格」，他們對別人上癮，從別人身上汲取需要的一切，而且永不饜足。要是遭到別人的拒絕，或無法獲得想要的好處，他們馬上就會轉向酒精和毒品，將它們作為情感和精神的替代品。

那麼毫無疑問，只要他們處於這種狀態之中，便會對自己的人生構成限制和束縛，也會對人際關係造成破壞。三毛也曾說：「我們不肯探索自己本身的價值，我們過分看重他人在自己生命裡的參與，過分在意別人的評價。於是，孤獨不再美好，失去了他人，我們惶惑不安。」

所以過分依賴別人，看重別人在自己生命裡的參與感，只會讓我們忽視自己的成長，難以發展出屬於自己的力量。這樣，你本身的實力並不會得到很大的提升。當你的依靠還在身邊的時候，你也許還可以做出點事來，但是一旦依靠不在了，你就成了一個無用之人。為什麼很多人在大學畢業後完全是兩眼一抹黑（編按：對周遭情況一無所知的狀態）的狀態，就是因為他們過於依賴父母，遇到事情也有父母給他們撐腰，導致他們進入社會後連基本的生存能力都沒有。

第二，失去人生的主動權，受制於人

在中國當代作家隋岩的著作《心理學讓你內心強大》一書裡有這樣一段話：你依賴他人越多，就證明自己即將失去越多。我對此非常認同，因為過分依賴他人，不僅會讓自己失去主導權，還會慢慢失去自我，喪失對生命的主宰權。

這個邏輯，我們可以透過一個例子來說明。假如每個人都有一顆生命珠子，這顆珠子是玻璃材質，所以非常脆弱，只要被撞擊或者摔一下可能就碎了。一旦這顆珠子受到損壞，我們就會受傷或者死亡。於是有人覺得珠子放在自己這裡不安全，靠自己無法很好地保護它，所以就希望把它交給一個靠得住的人，讓他替自己保管和照料。這就是依賴別人的本質，你把一個與自己深切相關的、非常重要的東西交給別人來保管。這種做法會帶來兩個危險。

一、對方也許願意幫你保管寶珠，但是有期限的

很多人覺得對方曾經答應過自己，要照顧自己一輩子，就一定會做到，但是事實是那只是「曾經」。「曾經」這個詞很大程度上是極沒有力量的，比如我曾經承諾要每天早上去跑步，我曾經承諾不要再熬夜……但很可悲，這些都成了「曾經」。

所以現實是，這個人可能承諾幫你保管這顆寶珠，一開始確實也很認真地照料，但

是他根本無法無限期地做到。曾經的承諾是沒有任何力量的，擁有力量的，只有此刻的言行。此刻，他仍在履行承諾，這才有最大的力量。但如果下一刻，他拒絕履行承諾，那麼「拒絕履行承諾」也是一種極大的力量。

所以，承諾是不值錢的。誰都能跟你承諾，只有行動才是實在的。但其實行動也未必一定可靠，畢竟此刻的行動也不能代表未來的行動，現在能保持承諾不代表未來還能保持承諾。這並不意味著做出承諾的那個人人品不行，因為他其實也不知道在未來是否會改變主意，也許他只是太過於高估自己的能力，太低估世間的複雜了。

總之，過度把別人的承諾當真，一味依賴他人是不太可靠的。即便你當下因為這份承諾嘗到了一些甜頭，但是接下去會怎樣，一切都很難預料。

二、當你把寶珠交給對方時，他就有處置的權利

如果你把自己的生命珠子交給別人，讓別人替你保管，本質上來講，是增加了對方的負擔的。畢竟別人在拿著你的寶珠的同時，也拿著自己的寶珠。如果此時他有足夠的能力，能夠同時保管好兩顆珠子，這倒也無妨。可是這不代表他將來在面對各種壓力、困難和問題的時候，還有餘力同時保護好兩顆寶珠。假如他真的遇到了困境，必須卸掉壓力，你覺得他是會先丟掉你的寶珠，還是先丟掉自己的寶珠？當然是先丟掉你的寶珠。

而且，即便對方做出這種行為，你也不能因此而指責他，埋怨他辜負你的信任。首先，你有為對方做出過什麼驚天動地的犧牲嗎？如果你的答案是否定的，那憑什麼如此要求對方。其次，你即便為對方這樣付出過、犧牲過，你也不能以此為要脅，迫使對方為你犧牲，因為這不僅不道德，而且違背了人的天性。

人的天性就是自私，所以去質問對方「遇到大事，為什麼不能先放棄你自己來成全我、保護我」，這本身就很幼稚。

總之，當你把你的寶珠交給別人的那一刻，兩個客觀事實已經形成。第一，你必然增加了對方的負擔。既然如此，那對方透過把你丟掉來減輕自己的負擔，這無可厚非。

第二，你的一切反應都無法阻止對方行使自己的權利。簡單說，就是當你親手把生命寶珠交給對方，讓對方替你保管的那一刻，就同時賦予了對方如何處置它的權利。這個時候，你可以指責對方不道義、不盡責、有問題，但你無法剝奪對方把你丟掉的權利。縱使你有一千個意見、一萬個不滿，他仍執意要把你拋棄，你也根本阻止不了。

所以當你選擇依靠的時候，其實很大程度上已經失去了人生的主導權，這是充滿風險的。也許你現在和靠山的關係維持得很好，他也樂意幫你。但是有一天，當他面臨更大的利益誘惑或者阻礙時，也許第一時間做的就是拋棄你。

總之，我們應該要明白的是，想要成事，首先就要調整自己的思維，不要被這種「靠」

的思想荼毒了，要更多地去發展屬於自己的力量，把命運掌握在自己手裡，這樣人生才會有更多的可能性。另外，當自己所依賴的靠山倒了，或者靠山漸弱的時候，也沒必要失落。靠山漸弱，你則漸強，當你發現曾經的一切不再牢固，曾經的底牌消失不見，其實，就應該意識到，屬於你的時代已經來臨。

在這裡，我想簡單提一下阿德勒心理學。記得我剛開始接觸它時，覺得這些理論過分地誇大了自我的作用。但是隨著學習，我就慢慢改變了這種想法。日本哲學家岸見一郎與社會顧問古賀史健合著的《幸福的勇氣》，之中提到了心理諮詢時常用到的三角柱，對此我特別有感觸。三角柱的其中兩面分別是「可惡的他人」和「可憐的自己」，第三面則是「以後怎麼做」。

簡單說，就是大多數人在遇到痛苦和不幸的時候，要麼是聲淚俱下地訴說自己的不幸，要麼是深惡痛絕地控訴責難自己的他人或者將自己捲入其中的社會。但是在阿德勒看來，我們不可能乘坐時光機器回到過去，也不可能讓時針倒轉。如果你成了原因論的信徒，那就會在過去的束縛之下永遠無法獲得幸福。因為你人為地設置了一個天花板，你很難超越自己。所以，阿德勒更傾向於讓我們關注「以後怎麼做」。

在我看來，以精神創傷學說為代表的佛洛伊德式原因論是一個偉大的發現，但是這一理論又是變相的決定論。而阿德勒的偉大之處在於告訴我們，人並不受過去的原因所左右，而是可以朝著自己定下的目標前進，這就是目的論的主張。按照阿德勒的目的論，人人都可以改變，人人都可以創造新的世界，這種思想才能推動人類的進步，幫助每個人實現自我價值。

總之，每個人都是本自具足的，當你不再過分依賴他人，而是開始聚焦自己，發展屬於自己的力量之時，就是你真正意義上的覺醒之時。

#圈子不同，不必硬融

李先生回顧了自己三十多歲時，在一家私人企業的六年時光。這六年來，他算是很努力了。為了與同事打好關係，他拚命地合群，和大家說同樣的話題，做類似的事情，強融圈子，可是依然沒有什麼成就……現在，他四十五歲了，這幾年時間裡，他在另一家公司從小職員做到了經理，又從經理做到了公司高階主管，並且私下和朋友合夥開了幾個小公司，年收入幾百萬。這中間發生了什麼事？

● 第一步，從原公司辭了職，對手頭上的人脈進行了梳理，告別了酒肉朋友。
● 第二步，放棄了沒有自我的合群，對自己的人生重新定位，知道自己要什麼。

要讓自己的人生有改變，先換圈子

為什麼只是進行了這兩個簡單的調整，李先生就讓自己的人生變得不一樣了。這些調整看似簡單，實則是一個人的新生，這種新生包括三個方面。

一、留給自己的時間更多了

合群的人要忙著交際，忙著迎合別人，陪伴他人，自然而然留給自己的時間就少了。一旦重新梳理了人脈，告別不必要的交際，就意味著擁有更多的時間來學習自己感興趣的知識，增長見識，提升自己的能力。

二、更有利於認清自我，找到自己的方向

一個合群的人，很大程度上也是一個沒有自我的人。他們看似也挺忙，但其實活得渾渾噩噩，並不知道自己到底想要的是什麼。在他們看來，自己想要什麼也並不重要。這必然會讓一個人活得越來越累，越來越空虛。但是一個人一旦開始放棄這種盲目的合群，就能夠真正冷靜下來，對很多事進行獨立思考。在這個階段，他可能就會從真正意義上找到自己的人生定位。就像叔本華所說：只有當一個人獨處時，他才可以完全成為自己。在獨處的這段時間裡，他才會更加篤定自己想要的到底是什麼。

三、精神上會更富足

表面合群的人，雖然嘴上說著互相討喜的言語，但實際上這種行為卻在不斷地消耗自己。一個人只有放棄合群，敢於忍受孤獨，才會真正擁有屬於自己的思想。

電視劇《三十而已》裡也有這樣一幕，女主角顧佳想透過融入太太圈，來獲得自己想要的資源。但她發現無論自己怎麼費盡心思，都融入不了她們的圈子。聚會時明明一起拍的照，但之後才發現，站在邊上的自己竟然被裁掉了。所以，成年人應該具備的一個認知：圈子不同，不必硬融。

那為什麼很多人會傾向於合群呢？其實這跟我們的大腦也脫不了關係。要知道，我們大腦的進化和客觀世界的發展是存在錯位的，大腦的運行機制是為了生存，而世界卻在發展。這就導致了大腦在實際操縱我們思維的時候，必然會因為某種程度上的不相容而出現漏洞，其中最具有代表性的漏洞有三個，其一是容易分心，其二是傾向於合群，其三則是懶惰。

我們可以做一個假設。假設自己切換時空，回到了原始社會。因為人類隨時關注外界的危險，所以需要分心，這就導致我們很難專注；因為人類個體單兵作戰的能力薄弱，很多事需要協作完成，又需要避開外界的風險，所以需要合群，同伴可以幫助我們最大程度地規避風險；因為需要保存能量，以應對各種突發事件，使得能量邊際消耗最小，所以我們習慣於懶惰。

總之，傾向於合群是人的天性，但是我們想要真正地有所成就，實現自己生命的意義，就需要直面並享受孤獨，不必為了融入某種圈子，假裝合群。

我們要記住，長袖善舞，不是合群的代名詞，為了獲得虛假安全感而硬裝合群，不過是一種自我欺騙。小時候，我們總覺得一個人吃飯很可憐。長大後，你會發現，那些看起來不合群的人，只是很早就知道自己想要什麼。

偽合群是妥協的開始，真正厲害的人能在黑暗中獨自成長。

第五章

打破思維禁錮，在內耗中找對出路

#普通人要逆襲，首先得扒三層皮

我身邊很多人的人生過得平庸乏味、糟糕透頂，每當問他們為什麼不尋求改變的時候，他們總是一臉委屈，說「命運如此，沒有辦法」。這種思維，是典型的畫地為牢、固化階層的思維。

每個人都想突破當下的階層，這確實是一件十分困難的事情，但是並不代表不可能。歷史上有很多人，比如劉邦、朱元璋、劉備，他們都是從最底層突破到最頂層的。普通人逆襲並不是神話，但首先得扒去三層皮，這樣人生才會有質的飛躍。有哪三層皮呢？

第一層：扒掉俗世道德觀

我有個朋友在大公司工作，能力非常強，但是兢兢業業五六年，根本沒有得到大的晉升，薪資也沒有太大變化，很多比他晚入職的人都爬到了高位，只有他還在原位不動。為什麼呢？就是因為每次有晉升機會的時候，別人都是擠破腦袋去搶這個位置，只有他像正人君子一樣，大度地謙讓別人，不往前擠。結果，每次職位升遷都沒有他的事。

人生中的機會是要靠自己去抓住的，它不會憑空落在我們的頭上。可是很多人被這些俗世的道德觀限制住了，明明有資格去搶奪這些機會，但就是礙於很多因素，不願意去爭取，希望機會會降落在自己身上。

那為什麼會這樣呢？這其實是一個歷史遺留問題。我們從小接受的教育就是安貧樂道，君子談義、小人談利。也就是說，每次一說到利益，我們就覺得這是一件很難為情的事情。我們小時候最常聽到孔融讓梨的故事，我們在利益面前不能表現得感興趣，更不能去爭取，而是要懂得禮讓別人。

傳播這種思想本身是好的，但是讓很多人產生了曲解。他們覺得談利益就是骯髒的，凡事先謙讓別人才是對的。這種思維過於偏頗。一個凡事都禮讓別人、成就別人的人，只會失去屬於自己的機會。

我們在生活中會發現，很多時候惡人更容易成功，其實這是有一定道理的。惡人的骨子裡有一股野性，他們能夠搶到本來不屬於自己的機會。當然，我們並不鼓勵做惡人。我們要做好人，但要做勇於爭取機會、懂得考慮自己的好人。

人們除了更願意做不爭不搶的君子外，對金錢也有很大的誤解，常常本能地認為有錢人都是壞的，沒錢、沒地位的窮苦底層人才是好人。真相是，錢本身沒有好壞之分，很多時候，它是我們實現人生抱負的一個很好的工具。

所以，我們要敢於突破所謂的俗世道德觀，不要被其捆綁住，喪失一些原始的野性。如果你本來可以是一隻狼，那就避免自己被馴化成一隻任人宰割的綿羊。

第二層：扒掉規則的束縛

我們很多人之所以很難從底層突圍，是因為被各種規則深深地束縛著，在成長道路上舉步維艱。既然規則制定出來，不就是用來遵從的嗎？如果你這麼想，代表你對規則本身缺乏清晰的認知。

首先，什麼是規則？英國哲學家摩爾（G. E. Moore）於一九〇三年完成的著作《倫理學原理》（*Principia Ethica*）中提到，倫理法則不過是一種概括。規則是人為制定的固定條例、章程和規矩。規則有兩個特性：第一，規則是由人制定的，並不是先天地存在於人類社會之中，而是隨著歷史的發展逐步產生的，所以規則具有相對性，會因時因地而異，並不是絕對的鐵律。第二，人們可以對規則本身進行價值評判。簡單說，既然規則是人定的，就不能保證規則的公平、正義和合理，任何人都可以主觀定義這個規則是好的還是壞的，是合理的還是非正義的。

在德國企業家雷納・齊特爾曼（Rainer Zitelmann）的著作《富豪的心理》（*The Wealth Elite*）中提到，個體都傾向於模仿多數人的行為，因為這可以滿足一個人想要被社會接納的本能，並創造一種「舒適的從眾性」。但是如果每個人都把自己限制在模仿他人上，盲從既定的規則，那就不會發生任何改變。

作者甚至認為，無知也可以成為成功的因素，因為瞭解的東西少，反而不會被既有的一些規則、經驗所束縛。所以和那些在某一特定行業和領域積累了豐富經驗的人相比，很多半路出家的人更容易取得成功。

所以盲從規則，完全按照規矩辦事，對你來說並不一定是有利的，甚至會成為你的束縛，讓你看不到更多的可能性，錯失突破階層的機會。那到底該如何打破這種規則的束縛呢？並不是要你直接對抗規則，任何事物存在即合理，規則同樣如此，如果貿然去打破規則，恐怕只會傷及自己。

美國作家喬納・薩克斯（Jonah Sachs）的著作《越安全越危險》（*Unsafe Thinking*）中提

到了一個對待規則的專有名稱：有智慧地反抗。我覺得非常棒。什麼意思呢？簡單來說，就是願意尊重規則，嘗試理解規則，並試圖在規則內行動，但又絕不允許規則阻止自己朝更高的目標前進。

《可怕的盲從》（*Intelligent Disobedience*）一書，作者艾拉．謝夫（Ira Chaleff）透過觀察導盲犬的訓練工作，將這個概念引入了商業世界。我們想像這樣一個場景：有一個盲人和一隻讓人信賴的導盲犬，這個組合想要正常生活的話，導盲犬必須極度服從主人的命令，將主人的目標視作自己的目標。

可如果主人要求導盲犬走到馬路上，但導盲犬這時看到一輛車正在駛來。這時候過馬路可能會導致主人和自己受傷或死亡時，牠會怎麼做？神奇的是，不需要抽象的思維或語言，導盲犬就能為一個更高的目標而違背主人的命令。牠會無視一個不利於主人與自己的直接命令，因為如果沒有這樣的能力，無論對主人還是導盲犬來說，都無安全可言。

所以，打破規則並非單純地與規則對抗，而是在整合現有條件的情況下，找到更好的方式去解決問題。這樣才能精益求精，另闢蹊徑。這就要求你有足夠的信心和勇氣，去探索新的可能性，並且敢於質疑一切不合理之處。

總之，做人不能永遠板是板、眼是眼，過於循規蹈矩，要具備足夠的靈活性和發展性。遵守規則固然很重要，但是不應該成為規則的奴隸，更不能讓舊有的規則束縛手腳。

另外，我們還要學會以長遠的、發展性的眼光來看待一切。過去的規則放在今天的背景之下，有可能已經變成阻礙發展的絆腳石。這時候，如果你再堅守下去，就是迂腐，就會被淘汰。

所以在受到某種規則掣肘的時候，我們必須懂得變通之道，下決心打破規則，求得突破。而當眼前的某種趨勢並不明朗，在陷入迷茫狀態的時候，我們也必須看到未來的發展趨勢。特別是當人們產生某種固定的看法，對某些事物形成一種偏見時，如果我們能打破人們的成見，完成新的創新，那麼就有可能取得了不起的成就。

第三層：扒掉欲望的驅動

一個人要想取得成就，最大的障礙其實是自己。只有真正成為自己的主人，看清事情背後的邏輯，才能從底層突圍。

人是有生理驅動和意識驅動之分的。生理驅動，簡單說就是完全按照自己的欲望行事，比如餓了就吃，睏了就睡，不想走出舒適區，懶惰、拖拉、趨易避難，等等。

所謂意識驅動，簡單說就是個體能做出一些反人性的行為，成為自己行為的主導者，在行動決策的時候理性腦能發揮更大的作用，不會純粹被短期的利益誘惑，而是能夠從更遠、更高的維度上看待事情，能克制自己，做更有價值的事。

舉個例子，你現在能靜下心看一本書嗎？你能堅持每天鍛鍊半小時嗎？你能在情緒激動的時候控制住自己的脾氣嗎？如果可以，那就說明你更多是受意識驅動的。王陽明也曾說過：「能克己，方能成己。」不為外物所惑，懂得延遲滿足感，你的人生就贏了一半。

但很可惜，我們大多數人往往做不到這一點，被自己身上的生理欲望深深操控著，結果日子過得越來越頹廢。比如很多人上了一天班，晚上回到家最想做的事就是滑滑手機，打打遊戲，或者跟朋友同事出去瘋玩。他們需要透過這種娛樂的方式緩解自己的焦慮，滿足自己的感官需求。那麼怎樣扒掉欲望的驅動呢？可以從兩個方面去做。

一、持志

簡單說，就是你要靜下心，發自內心地思考自己到底想做什麼事，想成為怎樣的人。只有心中有這樣一種志向和追求，你才能擺脫身邊的諸多誘惑，跨越重重阻難。所以成大事的人，無不是一開始心中就有了明確的志向。

二、提升自己的認知

只有當你的認知提升到一定層級後，你才能夠從更高、更遠的維度上審視當下的一切，才能脫離低級認知的束縛，看明白事情背後的本質。

深陷欲望當中，本身就是認知狹隘的一種表現。所以，想要逆襲，就要扒掉欲望的驅動，走出舒適區，以效果和目標為導向，控制自己的懶惰，用對目標的欲望降服自身的生理欲望。

#想要活得通透，就要學會深度思考

很多人混得不如別人，其實並不是因為智商和情商不如別人，更大程度上是因為思考不夠有深度，所以無法看清事物的底層邏輯。這往往會導致，即便他們想要的是好的結果，但是實現結果的手段卻是錯誤的。我們大多數人的思考模式分為三種。

第一，無中心式的連續發散思維

發散思維，又稱輻射思維、放射思維、擴散思維或求異思維，是指大腦所呈現的一種擴散狀態的思維模式。但這種擴散並非漫無目的，而是圍繞一個點，進而迸發出各種相關的想法。所以運用發散思維的人一般會先明確自己的目標，然後使用一些行之有效的方法，如用思維導圖來梳理自己的思路。很多心理學家認為，發散思維是創造力最主要的特點，是測定創造力的主要標準之一。

這樣看來，似乎發散思維還挺有好處。但是很可惜，我們大多數普通人的思維是一種無中心式的連續發散思維。簡單說，就是雖然思維同樣視野廣闊，呈擴散狀態，可是這種發散沒有中心點，是一種混亂的狀態，不是圍繞一個核心發散出去的，而且是連續發散。

再通俗點講，就是整個思緒是混亂的，每天都胡思亂想，思緒無法聚焦到一個點上，可能剛剛想到的是這件事，但是下一秒又跳到另外一件事上了。沒有主題，沒有核心，呈現出過分的隨機性，並且隨著連續的發散，思維會逐步脫離現實。

比如你剛坐到辦公桌前，本來是準備做PPT的，可是做了一會兒，你覺得有點累。你突然想起昨天朋友跟你聊的熱門時事，你很感興趣，於是就決定看看能不能用到PPT裡。可是當你詳細瞭解新聞的時候，卻看得義憤填膺，忘記自己要做PPT了，反而又想起了最近跟親戚的一次吵架……突然你又想起老婆交代回去要幫她買什麼東西，你開始覺得老婆最近變得很嘮叨，總是板著臉……總之，一上午過去了，你就這樣什麼也沒做，腦子裡好像在不停地放電影。

那麼很顯然，這種思維非常消耗一個人的精神能量，會讓一個人遠離現實主題，甚至感覺到無力。當一個人完全沉浸在這種思維中時，就很難專注於當前的任務目標。

第二，反芻式思考

反芻一詞源於我們日常生活中觀察到的一種現象，即一些動物會把吞咽下去的食物返回到嘴裡慢慢咀嚼，然後再緩緩咽下。這種反復咀嚼、不斷消化和吸收的現象被稱為反芻。反芻式思考是指個體經歷考試失敗、工作壓力大等負性生活事件後所產生的自發性重複思考的傾向。這是大部分普通人經常會出現的情況，比如你也可以對照一下下面這些情況：

- 時常回想過去，反復琢磨，擔憂未來，不能安心享受當下的生活。
- 選擇困難症，在各種事情中糾結，很難做出決定。
- 總會計畫做點什麼，卻總是拖延，拖著拖著就感覺到心累，最終放棄。
- 無法接納別人的一點點疑問，會在心裡把疑問放大無數倍，經常自我責備和否定，感到羞愧。
- 想得太多，大腦裡永遠有不同的聲音在爭吵，常常把自己壓得喘不過氣，想要逃避。

如果有，那你就要小心了，你可能掉入了反芻式思考中。它會讓你思考很多，但不知道從何入手，好像怎麼選擇都有利有弊，左右為難，優柔寡斷，最終不了了之。你即便有足夠的能力，也抓不住機會。

我有一個朋友正準備創業，他籌畫了很久，一開始想頂下一間店做燒烤，可是就在準備著手做的時候又糾結了。他考慮到附近有很多小吃店，自己又是新手，到時候生意應該不會太好。後來他又想做服裝店，但不知道從哪裡找貨源，也擔心庫存問題。就這麼思來想去一年多，他還是老老實實回去上班了。其實這就是受到反芻式思考的影響。

第三，淺層思考

淺層思考，簡單說，就是對任何事物都只是依據主觀印象做出表面的判斷，而難以深度思考看清問題的本質。中國作家周國元的著作《麥肯錫結構化戰略思維》，書裡就提到過，大多數普通人之所以很難成事，總是做出錯誤的決策，就是因為很容易陷入思維舒適區——淺層思考中。

書裡提出，我們的大腦有兩種不同的思考方式，一種是以直覺和感性為基礎的快思考，這是一種淺層思考，它依據的是我們的專業知識和過往經驗。另一種是以理性為基礎的慢思考，這是一種深度思考，它依據的是我們的理性邏輯分析能力。

我們在面對問題時，大腦最先啟動快思考，也就是會本能地從已有的知識儲備和經驗中得到問題的解決方案。這種方式憑直覺處事，不需要經過痛苦的思考，所以思維處在舒適區，那麼也理所當然地成為大多數普通人的思考方式。可悲的是，淺層思考讓我們安於現狀，限制了我們理性思考的能力，不利於解決複雜的問題。我們來看一個熟悉的故事。

妻子突然對丈夫擺臉色，丈夫憑藉以往經驗，判定是因為自己下班太晚，沒有做家事。於是，他開始推掉應酬，一下班就回家勤奮地做家事。可是，妻子還是沒有好臉色，他百思不得其解地尋找朋友幫助。朋友就問他：「你妻子是從什麼時候開始變臉的？」丈夫想了想，突然反應過來。原來妻子生氣是因為他忘了兩人的結婚紀念日，更忘了送妻子禮物。晚上，他買了花和禮物送給妻子，並向妻子做出解釋和保證。最後，妻子也原諒了丈夫，家裡也不再天天「冒冷氣」了。

其實，這個故事就很好地說明了淺層思考的不足之處，它很容易讓人陷於問題的表面當中，難以真正聚焦解決本質問題。就好像你看到隔壁的王小二做燒烤店賺錢了，你就簡單地認為是這個季節人們都喜歡吃燒烤，誰做都能賺錢，卻沒有往深處去思考人家盈利的核心。其實真正的原因可能是王小二的手藝很好，或者說他很會做行銷。

為什麼有些人想了三年都解決不了的問題，別人三天就能解決？因為他們的思維層次是不同的，後者能夠往深度去思考，能夠看破問題表面掩蓋下的核心，而前者不能！

當然，很多人會說，深度思考更像是一種天生的能力，後天怎麼去培養呢？

有本書叫《深度思考》，書裡指出深度思考就是不斷逼近問題本質的能力。很多時候，我們都無法做到在第一次思考某個問題時就觸其本質，但可以在一次次地自我追問與反思後，越來越接近它的本質，並言簡意賅地將它表達出來。

按照我的理解，深度思考是一種有軌跡的思維運動，就是你看到一件事情，腦袋裡迸發出一系列想法，它們在你的大腦裡不斷做各種推演並修正，最後你評估目標的可實現性，得出了一件事情的操作步驟。所以，深度思考的過程是有跡可循的，我簡單地把它分為五個層次去解析。

第一層，動機挖掘

心理學認為，我們所做的每一件事背後都有其正面動機存在。如果你能夠把握動機，就能掌握深度思考的起點。那什麼是動機呢？很簡單，就是你為什麼做這件事？你的目的是什麼？

我有個朋友的事業做得非常大，家裡挺有錢，但是他有段時間心情非常沮喪，原因是和父親的關係搞得很僵。雖然父母也不缺錢，但他每個月都會給父母買禮物、匯錢，可父親總是莫名其妙地找碴，埋怨他的不是。後來我就跟他講：「你不要覺得給老人家錢就足夠了，你可以每個月抽出兩三天時間，回家陪陪父親，跟他談談心，或者帶他出去旅遊，試試看。」他照做了，結果一段時間之後，兩人之間就很少鬧不愉快了，父親也不會莫名其妙地生氣了。

這位父親鬧情緒是因為孩子給他的錢不夠嗎？並不是，他真正的動機是想要透過鬧情緒來吸引兒子的關注，讓孩子多陪陪自己。婚姻關係中經常發生這樣的事情：你明明已經按照老婆所說的去做了，但是她就是不開心，就是不滿意，為什麼呢？因為她嘴上說的都不是真正想表達的，她的內心還隱藏著更深刻的動機，只是你沒有發現而已。

我老婆之前就經常和我鬧脾氣，為什麼呢？就是因為我沒有搞清楚她的內在動機。她有時候工作不順心，下班回來跟我吐槽、抱怨，結果我是怎麼做的呢？我就給她講道理，說人在職場，身不由己，要多忍耐、多包容。結果，她跟別人的爭吵轉變成我們夫妻倆的爭執，有時候我們還會大吵一架。

老婆跟我吐槽、抱怨，無非是想找個人傾訴一下，希望能得到我的認可和理解，最好是確認她沒有做錯，即使有可能真的是她的錯。當然，我老婆也沒有看清我的內在動機，我的動機是為了她好，想要讓她在公司更好地生存下去。

很多職場打工人為什麼能處理好自己的情緒呢？因為他們的目的很明確，工作就是為了學習更多的知識，為以後的路做鋪陳，所以有什麼髒活、累活，他們都搶著幹，多積累經驗。即使受氣了，他們也不鬧情緒。那為什麼有些人的情緒很大呢？因為他們工作只是為了賺錢，工作太多了，或者太累了，他們就抱怨。結果同樣在公司待幾年，那些目的明確、清楚知道自己動機的人都獲得了很大的提升，得到了自己想要的東西，而那些混日子的卻依然在混。

所以，想要做到深度思考，就要先去搞清楚自己或別人的內在動機，這樣你才能夠看清很多本質的東西，避免不必要的彎路。有一句話說得好：知道為什麼而做，比知道怎麼做重要一萬倍。挖掘動機的原則是做任何一件事前，先問自己三個問題：

- 我為什麼做這件事？為了興趣、利益還是成長？
- 我打算做多久？一年、十年還是一輩子？
- 我能為別人貢獻什麼？體力、腦力還是全身心投入？

第二層，思考未來的終點

未來的終點是深度思考的終點，也就是以長遠的目光，從宏觀的角度思考問題，知道自己未來要做什麼。有句老話叫作「吃上頓的時候，你要想想下頓還有沒有得吃」，其實這也體現了深度思考的一個維度，就是說你不僅要考慮當下，也要思考未來。

經常有人問：我現在應徵兩份工作，一家公司的薪資待遇比較好，但是升遷的空間有限；另一家公司的發展潛力是很大的，但是公司剛起步，待遇方面沒有第一間公司好，該怎麼選？如果你不是特別急需用錢的話，我的建議肯定是選擇第二間公司。

窮人和富人在思維上最本質的區別就是，窮人是站在當下角度思考短期利益回報，而富人是站在未來角度考慮長線投資。窮人每時每刻思考的都是今天做了工作，馬上就要拿到錢。富人則可以接受月薪、年薪，可以接受一年，甚至是十年後更大的回報。

這就好比一家新開的店做活動，禮品免費送，很多人就說「啊，這家店不虧本才怪」。但是那些擁有深度思考能力的人能夠看到商家這麼做，是為了引流和收集客戶資料，透過關注度高的明星商品獲得和客戶接觸的機會來布局，後續再透過售賣其他主打產品來盈利。

我們當下的現狀，是由我們過去對未來的思考和布局決定的。這就好像下象棋一樣，那些高手根本不會計較眼前幾個棋子的得失，他們只知道最終的目的是「將」死對方。所以，思考未來的原則是：大腦活在未來，身體活在當下。也就是說，要學會用活在未來的大腦，指揮活在當下的身體。

第三層，思考知識結構

知識結構是深度思考的基礎。我們現在正處於一個資訊爆炸的時代，每天接觸的資訊都有幾萬條，但獲取資訊的成本低並不代表我們就更容易學到知識。因為知識跟資訊是完全不同的兩個概念，前者是需要經過我們的大腦加工、理解、重塑而形成的深度化認知結構，而後者只是屬於片面化的傳播內容。如果只是簡單去看待資訊，它本質上不過是一種局部事實的呈現，對我們的作用並不大。

所以想要達到深度思考，就要學會分揀資訊，甚至分揀資訊源。訊息量越大，我們就越要有極強的分辨能力，篩選出高品質、更準確和客觀的資訊，並且透過思考，不斷地把知識點串聯成知識體，把這些「未經加工」的資料，轉化為「獲得加工」的知識，甚至是智慧，這樣資訊才會真正對我們起到指導工作或生活的作用。

具體怎麼做呢？可以從兩方面入手。

一、可以透過黃金圈法則實現

黃金圈法則是英國管理思想家賽門．西奈克（Simon Sinek）提及的看待問題的三個層面。第一個層面是 What，就是理解事情的表面，知道要做的事情；第二個層面是 How，就是找到做這件事的管道，知道如何做；第三個層面是 Why，就是明白自己這樣做的背後原理。根據你接觸的內容，運用黃金圈法則去深度理解，並將其轉化為自身的知識，這樣你才能夠掌握其背後的意義和作用。

二、對標

思考資訊的對標原則可以是找到你的同行，以及找到思維層級在你之上的高人，深度提升自己的知識體系。在你不瞭解一件事，或是一知半解時，要學會走這樣的路線：觀察↓瞭解↓收集↓過濾↓總結。

第四層，進行自我批判

我在前一本著作《不是搞不定人，是搞不懂人性》一書中寫過紅燈思維，簡單說，就是你想要獲得提升和進步，就需要學會及時關閉紅燈思維，開啟綠燈思維。人們都會習慣性地自我防衛，一旦被別人質疑或者批評，我們的腦子裡就會馬上跳出一個念頭：「跟他對著幹！」這就是紅燈思維。有這種思維的人是很難聽取別人意見的，更不用說反思自己了。長此以往，這種人就會陷入問題之中，怨天怨地怨空氣。

而懂得深度思考的人都擅長自我批判，及時反省，能夠把別人當作一面鏡子，來映照出自己的問題。他們會透過聆聽他人的意見和想法，來掃除自己的思維盲區。一個人的思考能力是有限的，要學會用別人的想法來完善自己的觀點。

自我批判的原則是：不要認為自己什麼都是對的，其實「自我」才是成功最大的障礙。遇到不如你的人，要堅定自己的想法；遇到和你差不多的人，要懷疑自己的想法；遇到比你混得好的人，要否定自己的想法。普通人喜歡聽好聽的話，如同小孩喜歡吃糖，甜而無益。高手喜歡聽難聽的話，如同大人喜歡喝茶，苦而排毒。一個人成熟的標誌，就是看他能不能智慧地對待不同的意見，能不能管理自己的情緒，能不能真正從自己的身上找問題，先改變自己。

第五層，思考客觀規律

在思考問題時，我們要不斷刨根問底，弄清楚事實到底是什麼。只有找到事物的底層規律，我們才能真正抓到事物的本質與核心。規律是什麼？是永恆不變的自然法則，是浮於表面的物質背後的隱祕邏輯。就好比春種夏長、秋收冬藏、日出日落、花開花謝，這是永恆不變的，也是最本質的趨勢。

喜歡賭博的人為什麼在輸了很多錢之後，卻還是繼續賭，是因為中了沉沒成本的毒。按照經濟學上的定義，沉沒成本是指以往發生的但與當前決策無關的費用，代指已經付出且不可收回的成本。對於賭徒來說，前期輸掉的資金就相當於沉沒成本，因為輸掉了這一部分，所以他們覺得此刻停手太虧了，於是在這種不甘心的加持下，他們反而加大籌碼繼續賭，最後輸得徹徹底底。包括那些痴男怨女也是一樣的道理，交個男朋友或者女朋友，就希望對方能愛你一輩子，然後一股腦把全部感情都投入進去，結果對方並沒有因此更加珍愛自己，他們自己反而深陷其中。這都是因為沒有搞清楚愛情的底層規律。

不管是愛情、交際，還是賭博，背後的規律是一致的。人們只會對自己付出更多的人或事在意、珍惜，並且會選擇繼續付出。對於那些越容易得到的人或越容易做到的事，人們反而越不會珍惜。理解這個規律，你就會看得很明白，也能及時止損。

除了人性的規律，我們還要熟知自然的規律，也就是時代的趨勢。個人的成功，往往是因為他對事情本身有更為深刻的理解，能夠看到背後的規律，但也離不開時代的造就。所以，順應時代趨勢也尤為重要。不同的舉措，不同的行為，在不同的背景下必然會帶來不同的結果。

我們除了要琢磨很多事情的本質規律和底層邏輯外，還要做符合當下這個時代的事。這個時代不缺努力的人，不缺擁有技術的人，也不缺人脈深厚的人，但是想要成功，僅靠這些可能還不夠，深度思考的能力更是一個人要具備的核心能力。

人與動物的最大差別就是，人是具有思想的，人不僅受到生物本能的驅使，還能利用大腦進行創造性的思考。讓自己始終保持專注的狀態，學會從全域和系統的角度去思考，透徹理解現象背後的本質，看懂事物的底層邏輯。當你擁有深度思考的能力時，你就不會輕易焦慮，也會更有底氣。

#要成事，從三個維度打破禁錮

我們要提升自己韜晦的智慧，也就是說在自己沒有實力的時候，要學會隱藏自己的野心，但這並不是說我們要一直低調做人，而是要學會根據不同的外在背景調整自己的應對方式。這裡要注意三個維度。

第一，學會包裝自己

有時候，你需要適當包裝自己。兵書裡面講「虛實結合」，有「實」還不行，還要有「虛」。因為人是有不同層級的，也在混不同的圈子。如果你沒有那麼厲害，手上沒有那麼多資源，你是很難向上層滑動的。劉備當初招攬人才，他就說自己是中山靖王之後，要匡扶漢室，在亂世之中謀得一席之地，所以才會有那麼多人跟著他。

這個世界是靠實力說話的，但是很多時候，別人不能夠直觀地感受你的實力高低，所以你就需要運用包裝的手段向對方展示你的實力。對方只有相信你有實力、有資源，才會跟你合作，才會給你更多機會。

以前都說酒香不怕巷子深，是因為好東西太少了。但現在不一樣了，現在是酒香也怕巷子深。你有好東西沒有用，關鍵是你要讓大家都認同你有好東西，都相信這件事。這個時候，你越低調，就越沒人相信你，別人也不會重視你，你就很難有出頭的機會。

第二，學會高調

面對利益的時候，要學會高調。這裡的高調指的是敢於掙脫道德枷鎖，敢於大膽地追求自己的合法利益。

我在網上看到過這樣一個故事：主人公老鄭出生於一個普通的工人家庭，父母為人老實善良，在潛移默化的影響下，老鄭從小也是一直把「吃虧是福」掛在嘴邊，遇到事總是寧願自己吃點虧，也要儘量避免衝突，息事寧人。

有一次，老闆讓他和同事小張一起做一個專案，兩人分工時，小張直接挑選了一些露臉的工作，比如向長官彙報、和客戶開會等，卻把其他一些繁瑣的幕後工作扔給了老鄭。跟老鄭關係不錯的同事小劉替他抱不平，但是老鄭卻笑著說：「小張知道我不喜歡開會、彙報這些事，他全都攬去了，挺好的。我做這些擅長的事，辛苦點也沒什麼。」

到了結項彙報的時候，小張誇誇其談，說自己做這個專案是多麼辛苦，卻一個字也沒提老鄭的付出。彙報完畢後，老闆指出了檔案中的一個小瑕疵。小張立刻說：「老闆，不好意思，這個檔案是老鄭做的，但我也有責任，因為要統籌整個項目，事情太多了，沒顧上好好幫他檢查。」

老闆不知道實情，便說：「這個項目工作量不小，有小疏忽也難免，小張能做成這樣，肯定花了不少精力。倒是老鄭，你自己也要多用點心，別總指望著小張給你檢查把關。」老鄭聽了，只能無奈地點點頭。

結果，當月的績效考核下來，小張順利評上了優秀員工，拿了獎金，還升了職。老鄭不僅一無所獲，還被扣了績效獎金。

老鄭就是被傳統的思維禁錮了。只要是合理合法的利益，我們為什麼不能去勇敢爭取呢？你不爭取就註定要錯過機會。人做事是要有邊界的，特別是面對合法利益的時候，在對別人善良前，要先對自己善良。

如果不具備基本的「爭取」素質，那麼自己的實際利益不僅會遭受損失，還會在應對外部環境的各種人與事時喪失活力，最終在一次次的負面回饋中變得鬱鬱不得志。

第三，學會反擊

面對那些喜歡欺負自己的人，一定要學會反擊。人跟人相處都有一個試探的過程，也就是對方要試探一下你的底線是什麼。如果有人一開始就欺負你、打壓你，你不選擇反擊的話，那麼他就會得寸進尺，因為他已經把你定義成軟弱可欺的人。所以在這種情況下，你不能一味地低調隱忍，要教別人學會怎麼跟你相處。

現實並不會因為你是一個好人，就讓你得到好的回報，也不會因為你很好說話，而為大家所感激。相反，如果你總是與人為善，太好說話，大家都只會拋給你更多棘手的事情去做。所以，我們要做個好人，但不要做個老好人。我們可以一次兩次地低頭、服軟或者示弱，但必要時也要學會以牙還牙。當你開始拒絕別人，別人感覺到你的強硬時，你會發現對方反而開始尊重你了。

透過這三個維度的內容，我們要學會靈活處世，可內斂、可低調，也可不怒自威。既有過人的手段，也有君子的風度。

第六章

成年人的頂級自律，是克制糾正他人的欲望

#死不認錯是人類共有的本性

在本章開始前，先思考一下你有沒有多次遇到過這種情況：明明一個人犯了錯，你好心指出他的錯誤，避免他誤入歧途，他卻面紅耳赤地跟你爭吵，死不認錯，甚至怪你多管閒事？

我想大多數人都遇到過這種經歷。其實，人都有一個很有意思的特性，那就是不會輕易承認自己的過錯。為什麼會出現這種情況呢？這是本節要重點深究的主題。開始之前，我們一起看一下田豐之死。

《三國演義》大家都看過，裡面有一場非常著名的戰役——官渡之戰。在這一戰中，曹操以少勝多，憑藉一萬兵馬擊敗了袁紹十幾萬大軍，從此拉開了歷史新序幕。這個敗局不僅讓袁紹後悔不已，也讓後代很多歷史學家直歎惋惜，為何？因為袁紹原本是可以不輸的。

要知道，袁紹雖然無能，但是他的手下還是有不少人才的。當時袁紹要攻打曹操，田豐就勸他：「曹操用兵變化多端，不能小看，不如跟他打持久戰。」袁紹不聽勸，但田豐還是力諫。袁紹火了，說他是故意泄士兵的氣，於是先把田豐關了起來再出兵。袁紹果然大敗。

聽說袁紹敗了，有人向田豐報喜：「果然一切如你所料，袁紹回來一定會重用你的。」然而，田豐很沉痛地歎口氣：「唉！要是他打贏了，我與許還能活。現在戰敗，我非死不可！」果然，袁紹回來之後，對左右的人說：「我沒聽田豐的話，現在他一定在心裡暗笑我。」說完就命人把田豐拉出去殺了。

可能有人會不理解，明明田豐說的是對的，為什麼偏偏落得這麼一個下場。袁紹作為集團領導人，四世三公，平時自視甚高。所以對他來說，最重要的並不是一次戰爭有沒有勝利，而是自己的面子和權威有沒有被挑戰。他可以接受戰爭的失敗，但是接受不了自己的無能。所以他的眼裡自然容不下田豐，因為每次看到田豐，他都會想起自己曾經的愚蠢。

田豐之死雖然可惜，但其實很有教育意義。他死前說的這番話就向我們透露了一個人性的祕密：普通人一般是不會認錯的。讓一個人認錯真的太難了，難於上青天，沒有人願意承認自己是傻的、錯的。所以為了證明自己沒有錯，他甚至寧願沿著錯誤的道路走下去，一輩子自欺欺人，這就是人性。

心理學上有一個羅密歐與茱麗葉效應，其實背後闡述的也是這個原理。在莎士比亞的經典名劇《羅密歐與茱麗葉》中，羅密歐與茱麗葉相愛，但由於雙方家族有世仇，他們的愛情遭到了極力反對。但壓迫並沒有使他們分手，反而使他們愛得更深，直到雙雙殉情。

羅密歐與茱麗葉效應指的就是，當出現干擾愛情關係的外在力量時，戀愛雙方不會覺得自己錯了，更不會反思這段感情是否不合適，他們之間的情感反而會加強，戀愛關係也因此更加牢固。心理學家在對愛情進行科學研究時也發現，在一定範圍內，父母或其他長輩干涉孩子的感情，最終反而使年輕人之間的親密度越來越深。

從本質上來講，人們都有一種自主的需要，都希望自己能夠獨立決定自己的一切事情，也希望自己是正確的，而不願被別人指責，成為被人控制的傀儡。一旦別人越俎代庖，替自己做出選擇，並將這種選擇強加於自己，人們就會感到自主權受到了威脅，從而產生一種心理抗拒：排斥自己被迫選擇的事物，同時更加喜歡自己被迫失去的事物。

所以讀到這裡，我們應該學著樹立這三方面的認知。

正是因為認錯非常難，所以你很難真正說服一個人

有弟子問王陽明：「老師，我犯過許多錯誤，可你為什麼不提醒我呢？」

王陽明：「我沒提醒你，你怎麼知道自己所犯的錯誤？」

弟子繼續回答：「我學習後才知道。」

王陽明：「所以我教導你學習。」

弟子就很困惑：「我的意思是說，作為老師，你應該幫助我改正錯誤。」

王陽明這時候笑著說：「你自己的錯誤，別人怎麼可以改正呢？只有你自己能改正自己的錯誤。」

王陽明與弟子的這段話告訴我們一個道理：人是很難被別人說服的，也不是說別人指導你兩下，勸你兩句，你就可以立刻改正錯誤的。想要改正錯誤，只有靠你自己想明白。用更通俗的語言來說就是，有些南牆，必須這個人親自去撞了，他才會回頭。

再跟大家分享一個策略，叫作天堂地獄推拉法。什麼意思呢？如果你要動搖一個人的

信念，最好不要一直勸阻他，而是先把他推向天堂，讓他覺得自己的計畫天衣無縫。當他越來越往高處走的時候，其實就會感覺到不對勁。他反而會主動思考自己的想法有哪些不合理的地方，這樣才有可能清醒過來。但如果你一直跟他唱反調，說他哪裡不對，那麼出於本性，他只會找更多的理由跟你對著幹，以此來堅定自己的立場，後果就是他原本錯誤的信念更加堅定了。

所以，不要再出於為了一個人好，拚命地勸說和阻攔這個人，你多半是不會成功的。為什麼呢？因為沒有人願意承認自己是錯誤的，你越勸他，他越要對抗你。能成功說服一個人的永遠是他自己，一個人的錯誤永遠只能由他自己去改正。

既然人都不願承認自己的錯，那就從符合人性的角度去辦事

唐太宗李世民有一個諫臣叫魏徵，很多人都知道魏徵是個大忠臣，他什麼話都敢說。對於這類人，我一直是不太贊同的。為什麼呢？因為他一直在「反人性」。為什麼他屢次直言不諱，觸犯天威，還能活得那麼好呢？

在我看來，就是因為他生的那個時代好，因為當時的皇帝是李世民。李世民是一個偉大的君主，他能夠聽得進去這些話。假如他遇到的不是這樣的明君，只要隨便換一個皇帝，照他這個玩法，可能遊戲早就結束了。所以，我們可以學習魏徵的忠誠，但不要學習

他說話辦事的方式。

在《韓非子．說難篇》裡也有這樣一段話：「夫龍之為蟲也，柔可狎而騎也；然其喉下有逆鱗徑尺，若人有嬰之者，則必殺人。人主亦有逆鱗，說者能無嬰人之逆鱗，則幾矣。」也就是說，君王都是十分厭惡大臣直言進諫的，假如觸犯了他們，他們就會惱怒。所以在跟君王講話時，要順著他們去說，不要違背他們的意願，否則自己也會因此而處於水深火熱之中。

所以，我們想要達到預期的結果，就不要靠著自己的主觀幻想做事，而是要順應人性。就好比你在企業上班，大家正在開會，長官說錯話了，你要當著眾多人的面直言不諱嗎？那很可能會讓長官下不了臺。

那具體應該怎麼辦呢？可以試試心理諮詢中經常使用的一種技術：先跟後帶。所謂「先跟」，就是建立親和感，先肯定和配合對方的信念、價值觀、規條，並運用當事人的感知模式進行引導的一種方法。「跟」其實就是尋找和交流對象共同點的過程。

「共同點」不僅僅局限於談話的內容，也包括對對方的思想、情感和行為的認可和理解。而「後帶」的時候，則要讓對方認可你的觀點，提出一個對方最可能回答「是」的問題，慢慢地，讓其形成回答「是」的言語習慣。最後提出你的希望和要求，對方就被「帶」到你所希望的地方。

學會接受自己的錯誤，反思與成長

能坦然接受自己的錯誤，並從錯誤中反思和成長的人是了不起的。人非聖賢，孰能無過。誰能不犯錯誤呢？但可貴的是我們能夠實實在在承認自己錯了，然後從錯誤中汲取養分，成長壯大。說到這裡，就不得不提一下劉邦。

當初韓信謀反的時候，劉邦就率大軍去討伐他。劉邦一直打勝仗，一路打到山西太原附近。這時候，韓信狗急跳牆，勾結了北方的匈奴。劉邦一聽大怒，但是為了摸清虛實，就派了一些使者去查看。結果匈奴首領就將計就計，把精兵和肥馬藏起來，軍營內外安排的都是老兵和瘦馬。

使者一看這個情況，回來就報告說「匈奴可伐」。劉邦聽到這個消息非常高興，不過為了穩妥起見，他還是派婁敬再去一趟。結果婁敬回來之後卻澆了一盆冷水，他說：「兩國相持，匈奴應該展示實力才對。但是匈奴的軍營裡連一個壯丁都看不到，此必有詐。所以依老臣看來，匈奴不可伐。」

劉邦一聽，忍不住破口大罵：「你這個老匹夫，就會逞口舌之利！匈奴給了你什麼好處？妄想用一張嘴就堵住朕的二十萬大軍。」於是，婁敬被關進大牢，劉邦率全軍出征。結果，劉邦中了匈奴的埋伏，被困在白登山七天七夜。要不是陳平使出一套變相的美人計，劉邦恐怕早就餓死在白登山上了。

不過劉邦回來之後，他是怎麼做的呢？他沒有像袁紹一樣殺了田豐，而是去牢裡認錯檢討，還把婁敬封為建信侯。

所以，劉邦能夠從一個平民百姓成為皇帝，並不全是靠運氣，而是有真本事、大智慧的。單單這種低頭認錯的氣節，就不是普通人能比的。

大方地承認錯誤，本質上有三個好處。

第一，可以滿足對方強烈的自尊心，讓對方更加信任自己。就拿上面的例子來講，婁敬雖然一開始被關進了大牢，但是後面劉邦願意承認錯誤，放了他，並且封他為建信侯。婁敬心裡會怎麼想呢？首先是感恩，其次是敬佩，再次就是信任。不僅如此，劉邦也在所有人面前做出了表率，讓大家更願意支持他、相信他。

第二，更有利於現實問題的解決。自己明明犯了錯，卻推卸責任，視而不見，最終的結果只能是讓事情一直糟糕下去。只有承認錯誤，接受現實，才能在這個基礎上真正做一些有效的動作，最終解決問題。

第三，能夠看到更多的可能性，避免遭受更大損失。一個人只有敢於承認自己的錯誤，才不會固執地活在自己的偏見裡，對別人的觀點和建議都視而不見，也才能從更全面、更長遠的層面上看問題，並挽救困局。

所以，我們要牢牢記住，普通人在面對跟自己意見相反的資訊時，大腦會關閉理性腦，啟動情緒腦來對抗。但是真正有大智慧的人都懂，每一次反對意見，其實都是一次拯救自己、完善自己的契機。

#境界高的人不會隨便給人建議

窮秀才總喜歡賣弄自己的酸腐文化，練功夫的總喜歡顯擺自己的刀槍棍棒。不管是在生活中還是職場裡，總是有些人好為人師。對於別人的行為，他們習慣指指點點，發表各種意見。我們生活中的很多煩惱都是怎麼來的呢？很多時候都是因為管不住自己的嘴，喜歡教別人做事。為什麼不要隨便給人提建議呢？接下來我們從三個維度來分析。

第一，每個人應該為自己的人生負責

你有沒有過這種體驗？朋友遇到問題找你徵求建議，你也竭盡所能地給出了詳細的解決方案。對方按照你的方案執行，結果失敗了。這時候，他反過來指責你，說你瞎提議建。礙於面子，你沒有反駁。從你的角度來說，你很委屈，因為你是出於好意才幫忙的。但對於那位朋友來說，他很大的機率也不會再和你保持以前那樣親近的關係了。

相信很多人都有過這種經歷，在我看來，這種委屈都是你自找的。你的委屈是怎麼產生的呢？你認為自己是在關心對方，給他建議，出發點是對他好，你有著高尚的道德情操，所以你覺得能提出這些免費的建議就已經是恩惠了。

不僅如此，你還認為最終要不要採納你的建議，決定權在他手裡，你對這個建議所產生的後果應該一律免責，不承擔任何風險。這無疑是很不合理的，因為你只想得到提出建議所帶來的「恩惠」，卻又不想承擔對方接受你的建議所帶來的後果。這樣看來，對方應該更委屈才對。

我可以再給你舉一個具體的例子：你已經到了適婚的年齡，但遲遲都沒有結婚的打算。這時候七大姑八大姨都忍不住給你講道理，甚至還會熱心地介紹對象給你。他們這樣做的出發點是什麼呢？其實也是一樣的，那就是「我催促你、給你建議，我的任務就完成了，我就盡到親戚的責任了，甚至還站在了道德的制高點上。既然我為你著想了，你就要記得我的恩情。但結婚後你過得是否幸福，這與我無關，我不會承擔一點責任」。

所以，面對親友的逼婚，最行之有效的辦法就是增加干預成本。你可以這樣說：「那好呀，想撮合我倆是吧？可以，但你能為我倆婚後的生活幸福做擔保嗎？如果我倆不幸福，你會對此負責嗎？」你這樣說完之後，親友大概就不會再隨意干涉你的事情了。

所以我們應該明白，我們壓根就沒有資格告訴別人應該怎麼做。每個人都需要為自己的選擇負責，也一定會在不同的結局中收穫不一樣的體驗和提升。這是我們每個人都需要去面對的人生功課。

從這個角度來看，隨便提建議，就相當於在干擾別人的成長，剝奪別人成長的機會。

可是如果遇到一定要提建議的情況，又該怎麼辦呢？那你就要為自己的建議負責，中國當代作家豆豆的小說《遙遠的救世主》，裡面有一段情節：

韓楚風被點名接替總裁之位，但是當時公司還有兩個資歷更深的副總裁。這時候他很糾結，不知道接下來該怎麼辦？於是他找丁元英請教。丁元英一直拒絕給他提供任何建議，可是韓楚風天天纏著他，最後他沒辦法了，只能妥協。

可是在給韓楚風提供建議之前，他還做了一個動作，那就是先和韓楚風打賭，賭注就是韓楚風的ＢＭＷ。假如韓楚風聽了他的建議之後，順利接替了總裁之位，那這輛ＢＭＷ就歸他了。但是如果沒有達到韓楚風的目的，丁元英願意以一賠五，給他三百萬元。

很多人看到這裡表示很不理解，明明是韓楚風主動過來找丁元英出主意，為什麼丁元英還要打這樣的賭呢？還要一賠五，這不是傻嗎？其實這就是普通人和高人的區別，丁元英不會隨便給任何人建議，如果實在要給，那麼他願意對任何可能發生的結果負責。

所以我們就能理解，如果你好心提了建議，最終事情失敗了，別人因此而責怪你，你就不該覺得委屈。因為你在提建議的時候，就應該想到要為這個建議所帶來的結果負責。假如你做不到，那麼不妨把嘴閉起來。

第二，別人尋求建議，不過是為自己已經做出的選擇增加底氣而已

其實，很少有人能被真正勸服，因為人們都不願意接受自己是錯的。那為什麼還有人找你尋求建議呢？很多時候，他並不是真的來聽取你的意見，而是來讓你支持自己的選擇，為自己的心裡增加底氣而已。也就是說，他在徵詢你的建議之前，其實心裡早就有了自己的選擇，但他又沒有足夠的信心，所以希望能從你那裡得到和他一致的建議，以此來支持自己的選擇。

心理學上有一個自我肯定理論，簡單說，就是證明自己的想法和行為，其實是一種自我肯定，它保護並維持了我們的自我價值。所以，別人看似徵求建議，其實更多的是在選擇性地尋求和自己一樣的選擇。這個世界上沒有所謂的感同身受，這也就意味著我們背後的價值觀、做事的風格，以及做事的態度，是很難表達和傳遞給別人的。

當別人問你該怎麼辦時，他的內心深處其實已經有了一些答案，只不過還是想確認一下你的想法是否和他一致。在聽到讓自己不爽的答案時，他會說「你不瞭解我」；聽到跟自己心裡想的一樣的答案，他會說句「謝謝」，這本質上也是人性的一個悖論。

所以，你可能在生活中聽到有人抱怨：「你既然不信我，為什麼還要問我？」其實一切的核心根本不是信不信的問題，只是你給對方的建議不是他想要的，和他內心已經選擇的那個不一樣罷了。這也導致了一個結果，即便你的建議最後幫助他取得了不錯的結果，

他也不會覺得這是你的功勞，而是會歸功於自己的決斷，和你沒有任何關係。但萬一他失敗了，你可能就要為此背鍋。因為人都是以自我為中心的，自己永遠都是人生故事的主角，你的建議只是恰好被他選中了而已。

美國小說《梅岡城故事》（*To Kill a Mockingbird*）裡面有這樣一句話：你永遠不可能真的瞭解一個人，除非你穿上他的鞋子走來走去，站在他的角度考慮問題。所以千萬不要高估自己的建議，不要站在自己的角度試圖去解決別人的問題。不輕易提出建議，有時候也是一個成年人最基本的自律。

第三，不要妄圖透過提建議去拯救他人

如果你給別人提建議的時候，內心產生的念頭是為了拯救別人，那我希望你能馬上停止。你需要搞明白的一點是，每個人都逃不過要把自己所相信的東西在生活中逐一去驗證的人生軌跡，並且還必須要承擔一切後果，這就是每個人提升和成長的必經之路。誰都得這麼一路走過來，這與任何人的建議都沒有關係。

過分地把自己放在拯救者的位置，甚至妄圖為別人的人生課題負責，這有點類似於德國精神分析學家弗洛姆（Erich Fromm）提到的一個概念——道德疑病症（Moral Hypochondria）。這種人對自己有著強烈的興趣，過於關注自己的表現，而非客觀事實，甚

至因此產生了一些隱祕的惡性自戀。

這種自戀裡面隱藏著一些絕對的幻想，當我們妄圖提供建議拯救別人時，主要是受到了三種自戀幻想的作用。一是關於控制感的幻想，就是「我對整件事的發展是更有掌控力的」。二是關於優越感的幻想，就是「我有義務在這件事中承擔全部責任，包括對方的那部分」；這種想法其實暗示的是自己比對方更有能力、更強大。三是關於重要性和影響力的幻想，就是「我對他人的人生或者命運造成了影響，我要負責」。其實這是不合理的，只是你的一種隱性自戀而已。

你不知道對方內心真實的想法和潛意識的真正需求，更不知道對方的業力因果及自動化反應機制，因此你根本就無法完全理解對方的感受，也無法真正體會對方所面臨的真實處境。所以對你來說，已知條件已然嚴重不足，你是沒有資格隨便提建議的。這時候你給出的任何建議，其實都是不負責任的，都是妄言。就像一個醫生，連病人的真正病因都還沒搞清楚，就胡亂開藥。

那是不是探究清楚就可以提建議了？其實也不是。因為探究真相是一件極為內耗的事情，我們瞭解自己就已經很不容易了，更何況要去瞭解別人。所以比隨便提建議更好的方法，其實是陪伴式共情，表達你的支持。共情指能設身處地體驗他人的處境，對他人的情緒、情感具備感受力和理解力。在與他人交流時，能進入對方的精神境界，能感受對方的內心世界，能將心比心地體驗對方的感受，並對對方的感情做出恰當的反應。

有個故事，一個女孩跟朋友吐槽自己的公司，說薪水總是晚發，一個人當兩個人用，動不動還加班。朋友聽完心疼地說：「那也太慘了，要不換個輕鬆點的工作吧。」結果女孩卻有點愕然，說：「我沒想過換工作啊。」

其實這就是一個典型的生活案例，女孩抱怨時，朋友站在自己的立場，覺得女孩太辛苦了，因而提出換份工作的建議。但實際上，女孩抱怨只是為了傾吐情緒，並沒有想過要換工作，因而對於朋友的主觀建議表示愕然。其實真正好的方法是，安靜地聽著，陪伴著，或者告訴女孩：「如果我遭遇了這些情況，應該也會跟妳一樣。但我一直相信妳會處理好的。」這就夠了。總之，真正睿智的成年人都懂得，不隨便提建議是一種智慧。

在生活中我們會發現，很多人費盡千辛萬苦找一些智者解答當前的人生困惑，智者一般都不會直接回答，而是會很隱晦地指點人們去探索答案。我以前覺得有話卻不能直說，是故作高深，但是後來慢慢明白了，這才是高明的做法。

我們一定要充分理解清楚，和別人相處要把對方當作一個完整的人，他有自己的想法，最終也會在生活中發展出屬於他自己的招式。而這一切，都需要他自己去摸索。不要打著為別人好的旗號貿然提建議，因為這所謂的高尚外表下，其實並沒有把對方看作一個完整的人，而是在潛意識裡默認自己有更好的想法。對別人好，從來都不是一件簡單的事，因為我們可能並不知道什麼才是真的好，更不清楚什麼才是對方所需要的好。

老子在《道德經》裡也告訴我們，「聖人處無為之事，行不言之教」。請放棄為別人好的這個念頭，因為你沒有這個權利，也沒有這個資格。當你再想告訴別人應該怎麼做的時候，最好還是忍住，不如多去引導對方自己去探索答案。

#過來人的話，其實是讓人為難的經驗

重新認識「經驗」和「建議」

我讀小學的時候，夢想是當一名作家，結果當我說出夢想後，家人一致否決了：作家是那麼好做的？當作家，可能你連自己都養不活！這讓我很長一段時間都找不到方向，浪費青春，做了很多不喜歡的工作，也沒賺到多少錢。

好在從二〇一六年開始，我跳出了家人的「經驗束縛」，一邊工作，一邊開始了創作分享，把自己的一些人生感悟、學習心得等分享出來。二〇二二年，我成功出版了人生第一本書。雖然我依然沒什麼名氣，但在這個知識付費的時代，我養活自己已然綽綽有餘，還能幫助到不少人。

家人們看到我一步步的成績，也慢慢地改變了原來的態度。只是我時常在想，如果當初我跳不出這種「經驗的束縛」，如今又會在何方？既然經驗對大多人來說是有著褒義性質的，為什麼又會成為束縛？後來讀了很多書，見了很多人，反思了很多事之後，我慢慢醒悟了。

首先經驗是怎麼形成的？經驗其實就是大腦思維捷徑的產物。我們習慣用過去的經歷和集體文化思維模式來解決現在的問題，這是因為透過過去的經歷、現象歸納形成的經驗，可以大量節省能量。這是人類進化過程中為了適應生存所遺留下來的思維捷徑模式，也符合人類的原罪：懶惰。

但很顯然，這種模式也有其弊端，就是這種不加思考的自動化行為會形成思維的依賴慣性，讓我們一遇到類似情況，就馬上調用已有的經驗來解決問題。時間長了，人就會變得越來越迷糊，失去思考和探索本質的能力。

這和心理學裡的一個概念「代表性直覺」意義相同。當人們面臨一個複雜的判斷或決策問題時，經常會依據自己的直覺或者事物的表面特徵來進行決策，心理學將其稱為「代表性直覺」。這種拍腦袋式的決策方式雖然效率高，但正確率往往不高，經過邏輯推理出來的結論比大腦的自動反應更可靠。

舉個例子，很多家長教育小孩就是劈頭蓋臉地責罵一頓，因為他們每次這樣做的時候，都能快速解決問題，孩子立刻會停止哭鬧，老實聽話。言語暴力次數多了之後，他們又升級用棍棒伺候來解決孩子的問題，甚至還形成了「棍棒之下出孝子」的教育方式。表面上看，孩子被這種方式教育得乖巧懂事，但也為今後的心理健康埋下了隱患巨坑，孩子甚至需要用一生來治癒童年的創傷。

你的大腦犯錯嗎？

再比如，在生活中，你應該經常聽到這樣的說辭：

- 讀書才有出路，不好好念書，你一輩子沒出息……
- 別再瞎忙了，比你聰明的人多了，人家為什麼不去創業？還是考公務員穩定……
- 別嘗試了，你忘記了上次的下場了嗎？真是欠教訓……

其實，這些話很多時候都是有毒的，會阻礙你人生的前進方向。你要知道，大腦其實是一個非常不可靠的決策器官，它喜歡做簡單的、有經驗的事情，不自覺地逃避未知的、不熟悉的事情。

這點其實也可以理解，因為億萬年來，我們的祖先一直在危險、匱乏的自然環境中過著「狩獵與採集」的生活。對他們來說，最重要的事情莫過於生存。為了生存，他們必須借助本能和情緒的力量對危險做出快速反應，對食物進行即時享受，對舒適產生強烈欲望，這樣才不至於被吃掉、被餓死。

神經科學家迪恩·柏奈特（Dean Burnett）在《糗大了！原來是大腦搞的鬼》（*Idiot Brain*）一書中，也曾以單口喜劇演員的幽默口吻向我們闡述了這一事實，並講了大腦如何經常犯錯的糗事：「儘管我們演化出了複雜的認知功能，但原始大腦的初級功能並未丟失，甚至可以說，反而還變得更加重要了。在大腦看來，日常生活無異於走鋼絲，底下遍地是碎玻璃，還有滿坑滿谷的瘋狂蜜獾，稍有差池就會摔得慘不忍睹、痛不欲生。」

這導致的結果就是，大腦總會擅自做主，忽略其他器官和神經的信號，無論信號本身可能有多麼重要（這也是為什麼士兵在交戰地帶仍然能睡一會兒的原因）。所以，遇到不理解的事情，大腦首先會傾向於判斷為不可能；遇到有困難的事情，它也會首先判斷為做不到。但事實上，很多你認為困難的事情，或者害怕的事情，只要去嘗試一下，就會發現不過如此。過去的經驗，他人的建議，很多時候只是禁錮。

回想一下，你應該也有過這樣的體驗吧：

每當我們要做些什麼不尋常的事情時，總會有人說「這樣不行的」、「太冒險了」。他們給出各種建議，拿出各種過往的失敗案例，以此來阻止你。

每當我們努力做一件事，結果失敗的時候，就會習慣性地畫地為牢，自縛手腳。比如你努力追一個女孩，追了很久，卻失敗了，結果你就得出了結論：我這輩子就不適合追女孩，就適合單身。於是，再遇到心動的女孩時，你會自我設限，不敢再踏出這一步。

其實這都說明了，經驗也是有兩面性的，有些是我們要銘記於心的，比如火是很燙的，地球是圓的，冬天要穿厚一點……有些則是我們要挑戰的，比如想要出人頭地，不一定非要靠關係；一次創業失敗了，不代表就不適合創業……

那麼到底應該怎樣對待這些經驗和建議呢？答案是「見路不走」，就是見路非路、即見因果的意思，跟見相非相、即見如來，是同一個道理。白話來說是實事求是，不以經驗主義為導向，而是能夠根據實際的情況和自身的條件選擇適合的道路。具體怎麼做呢？我們可以從六個步驟有意識地培養自己的批判性思維。

第一步，問基礎的問題。有時候解釋得過於複雜，會使原來的問題得不到解答。所以要學會問基礎的問題，一步步找到答案。比如你知道的是什麼？誰告訴你的？你怎麼知道這就是正確的？

第二步，對基本假設進行質疑。比如你可以問一下自己，這樣做到底能不能達到自己想要的結果？這是你想要走的路嗎？這是你想要傳達的意思嗎？

第三步，注意你的心理過程。我們的大腦是具備自動性的，所以會自然地解釋周圍發生的一切事情，這毫無疑問在很大程度上對我們的生存是有利的，但有時也會帶來諸多問題。因為這個過程是極其快速的，所以很容易讓我們意識不到自己的偏見。

第四步，總是反過來想。「反過來想，總是反過來想」是波克夏前副董事長查理・蒙格（Charles Munger）的祕訣，也是數學家雅可比（Jacobi）經常說的一句話。只有在逆向思考的時候，許多難題才能得到最好的解決。因為我們遇到的很多難題都是因為我們被自己的慣性思維困住了。思維是最大的牢獄，只有學會「反過來想」，才能從故步自封的局限中走出來。

第五步，對證據進行評估。就是對用以佐證某個論點的證據材料進行分析和驗證，比如你可以問自己，這些材料是哪來的？它們可以證明這個論點嗎？有足夠的說服力嗎？

第六步，經常自我反思。我們可以養成寫反思日記的習慣，這是一個非常強大的工具，能夠讓我們保持清醒，客觀地看待一切事情。

總之，我們要明白，別人的建議或者過去的經驗或許放在以前管用，但是時間久了，背景變了，它可能就失效了。而且很多時候，通向目的的路有很多條，這些人只走了一條，就否定了全程，這顯然是片面的。我們只有真正意義上學會了見路不走，實事求是，才能更好地應對現實問題。

PART 3
野蠻生長

對己逆人性，對外順人性

第七章

成長的真相，都是逆人性的

#心理內耗：為什麼你活得這麼累？

你有沒有發現，很多人都喜歡花，為什麼呢？你也許會說，花開的時候非常漂亮，花若盛開，蝴蝶自來，對不對？其實這是表層的東西，主要是因為花有一個非常高貴的特性：不是蝴蝶來了，花才綻放美麗，而是不管蝴蝶來不來，它都會照常開放，它是為自己而開的。很多人活得不快樂、很痛苦，本質上是因為有兩個思維迷思。

第一，不是為自己活著，而是為迎合他人而活

很多人之所以有這種狀態，從心理學的角度來講，主要涉及兩個方面的原因。一方面，我們沒有形成穩定的自我評價，不知道自己是誰。嬰兒最初是不知道自己是誰的，他需要從媽媽的眼睛裡來確認自己是誰。如果媽媽的眼睛裡閃現著快樂、滿足、笑意，嬰兒就會認為自己是好的、沒問題的。如果媽媽的眼睛裡閃現的是憂鬱、不滿、憤怒、冷漠，嬰兒就會認為自己是不好的。此時媽媽的表現被嬰兒感知為是自己好壞的一部分。

此階段的嬰兒分不清楚哪些是自己的東西，哪些是媽媽的東西。這就是心理未分化，即自身的一些功能依賴外界承擔，比如說評價功能，解讀環境的功能。

如果媽媽能夠看見嬰兒，並且持續地給他正向回饋，比如「你真是個好寶寶」、「寶寶你會翻身了」、「寶寶你睡醒了」，嬰兒逐漸就會有「我」的概念，「我」的感覺。在心理上凝聚成「我」的感覺，對一個人來說很重要。這意味著嬰兒成功地內化了基本的安全感和穩定的自我評價。

但是如果嬰兒的感受和需求長期沒有被看見和確認過，他就不會知道「我」是什麼感覺。既然沒有自己的體驗，那就可能總是圍著別人的感受轉，比如圍著媽媽的評價轉，好壞由媽媽說了算，自己說了不算。他沒法相信自己的感受，認為自己是不可靠的，只能依賴別人才能不犯錯，才能活下去。

那麼這種人雖然外表已經成長為一個成人，但是心理某些部分的發展還固著在嬰幼兒期，他們想被看見、被理解、被確認，一直在尋求著認可。毫無疑問，他們最終把自己的人生活成了別人期待的樣子。

另一方面，從進化心理學的角度來看，在史前時代，保持良好的個人形象是生存策略之一。在那個時代，資源非常匱乏，生存環境又極度惡劣，而人類單兵作戰的能力又非常弱小，所以祖先們想要生存，就必須保證自己在族群裡的位置。

印象管理不僅有利於我們獲得與其他人合作的機會，還可以提升生存機率。換句話說，保持社交敏感是一種優勢。這就導致我們在平時會傾向於迎合別人，甚至為了取悅別人改變真實的自己，以獲得所謂的安全感。但是當我們為了避免被孤立而偽裝時，就慢慢失去了自己。

總之，大多人的現狀並不是為了自己活著，而是為了迎合別人活著。那麼這種情況下，他們必然會活得很心累、很痛苦。

我有個朋友就過得很痛苦，為什麼呢？因為他從小就被父母誇讚懂事、老實、孝順，之後便更加瘋狂地迎合自己的父母，迎合身邊的七大姑八大姨。後來他慢慢長大了，但是還在被這些標籤束縛著。每次親戚一有事就找他幫忙，為了不讓這些人失望，他就犧牲自己的時間伸手援助。如果哪次沒有及時幫助，親戚朋友還會指責他。

他說自己過得很累，很痛苦，為什麼會這樣呢？首先，他沒有真實地活著，一直在做一個迎合者，他的內在和外在是矛盾的，是呈撕裂狀態的。也就是他內在想要做自己，不想犧牲自己的時間精力幫助親戚朋友，但是外在層面上又不想被他們指責，想維繫那些好的標籤。

其次，迎合別人是一條沒有盡頭的路，他犧牲了自己的精力與時間去滿足他人，可真能夠滿足對方的一切要求嗎？顯然做不到。到最後，當他明明已經做了很多，但還是滿足不了別人時，內心可能就會失望，甚至絕望。

所以很多時候，我們要問自己一個問題：只要你開始討好別人，對方的期待必然會超越你的能力，可你做好滿足不了對方的期待，甚至把對方的期待搞砸的準備了嗎？你要有一個意識，那就是不要做一個迎合者，而是要成為一個引領者。什麼叫引領者？就是有無可替代的作用，一直聚焦於提升自己的價值，探索自己生命的意義。當你自己有價值了，當你在某個方面是無可替代的，那別人只會來求著你幫他，而不是你主動去迎合別人，這種被動與主動關係的變化是大不相同的。

第二，承受不了一個人的孤獨，容易動力不足

能夠承受孤獨是一項很強的能力。也就是說，能夠承受孤獨的人能夠做到像花一樣自

我綻放，不只是為了吸引蝴蝶、蜜蜂。

美國首位億萬富翁洛克菲勒（John D. Rockefeller），在給兒子寫的信中就有這麼一封：如果你有喜歡的女孩，但是她卻不喜歡你，這個時候你怎麼辦呢？你要努力提升自己的才華，讓自己變得更優秀，這時候她才有可能被你打動。如果她依然對你不動心，那怎麼辦呢？也不用擔心，因為這個時候你已經變得很優秀了，會有其他更好的人被你吸引。

《中庸》也說：「君子戒慎乎其所不睹，恐懼乎其所不聞。莫見乎隱，莫顯乎微，故君子慎其獨也。」字面意思是，在別人看不見、不知道的時候，自己獨處時，要嚴於律己，謹慎處事，要注意審查自己的思想。

在我看來，這說的更是一種境界，一種泰然處於孤獨、享受孤獨的境界。想要達到這種境界，就需要先內心持志。內在先有方向，知道自己要做什麼，該做什麼事，這樣才能一直保持內心的清明澄澈，不因他人的態度而影響自己。這和孔子所說的「人不知而不慍」的境界也不謀而合。他人知不知道我，是否誤會我，對我來說有什麼重要的呢？又何必生氣呢？

我很喜歡王陽明，王陽明的故事其實也可以深刻反映這一點。

王陽明少年時期就立下了志向要成為聖賢，後來仕途坎坷，被貶龍場當站長。他以為好歹是做政府官員，應該不會多糟糕。但實際情況是，當時的龍場驛站年久失修，缺衣少食，居住和飲食都成問題，當地還瀰漫著瘴癘之氣。這對於從小就患肺病的王陽明而言無疑是個地獄，他只能住在陰冷潮溼的山洞裡，而且要靠自己解決溫飽問題。

除此之外，王陽明從小就喜歡和他人交談，但當地大都是殺人不眨眼的土著和中原的流亡人士。這些人顯然不是他的談話對象，所以他在心理上是很孤獨的。

王陽明一開始也是備受打擊，但是他有沒有被打倒呢？並沒有。因為他不是一時興起要成為一代聖賢，而是真正發自內心地持有這個志向。什麼叫發自內心地持志？它意味著你真正想明白了心之所向，並且也很清楚地知道要走的這條路不會容易，會有各種問題、痛苦，但是你仍然願意走下去，持之以恆。所以即便不容易，經歷了無數坎坷磨礪，王陽明還是挺了下來，並且把龍場當成磨礪自己的道場。他最終悟道，實現了自己的志向。

總之，想要活得更加快樂通透，就要明白，孤獨在於內心，熱鬧在於形式。孤獨本身是人一生的主旋律，只有從真正意義上想清楚自己要做的是什麼，發自內心地持志，才能真正意義上接受並享受孤獨，才能不對外在保留太多不切實際的期待。

#不僅僅以愛情為支撐的婚姻，才能長久

我有一個朋友在民政局工作，他和我分享了一個很有趣的現象：疫情當下，大家的日子都不怎麼好過，就連離婚率也是暴漲，天天都有人來排隊離婚。為什麼會出現這種情況呢？其實這背後也是有人性因素存在的。

接下來，我們從三個方面來對婚姻這件事建立更深刻的認知和理解。

婚姻中的很多問題無法靠逃避解決

很多人都追求愛情的美好，但是大多數愛情是禁不起廝守的。我們都知道這樣一句話：婚姻禁得起磨難，卻禁不起平淡。其實這並非空穴來風，而是有跡可循的。談戀愛的時光往往是最美好的，等到兩個人真正過日子的時候才恍然大悟，一切都沒有自己想像得那麼簡單。對於這一點，剛結婚的人往往感觸頗深。

我們觀察一下身邊人的婚姻狀態，會發現很多婚姻的現狀就一個字，那就是「熬」，也就是堅持把日子給熬下去。為了熬下去，人們常表現出兩種行為傾向，一個是喜歡逃避，一個是遠則生怨，近則不恭。

逃避是一種人與生俱來的保護機制，我們確實沒有必要貶低它的效能。從外在來說，在遇到危險的時候，逃走當然是最快、最有效的方式，也是人類近乎本能的反應。從內在來說，我們的大腦天然就具備趨易避難、趨樂避苦的天性。所以在面對很多困難的時候，我們的第一反應也是逃避。這似乎無可厚非，只是它不是長久之計，因為逃避會帶來兩個問題。

第一，逃避看似是遠離了危險源，但其實每一次逃避都是強化對危險源的恐懼。逃避會讓你覺得即將要面對的危險程度越來越高，尤其是你從來沒有正視過這個過程。你預感到的危險正在你的腦內透過想像不斷膨脹，日積月累，它就變成你永遠也無法逾越的鴻溝。所以逃避這種行為本身會令你害怕的事物逐漸地妖魔化，而實際上也許它並沒想像中有那麼難。

第二，每當遇到事情的時候，你不去直接面對，而是透過做別的事情來轉移注意力。當時你確實能把問題暫時壓下去，但是這個過程並不是在白板上寫字，寫完一擦就沒有了。只要事情發生了，就會留下痕跡。只要你不去面對和解決，它就一直憋在你的心裡，慢慢發酵，終究會讓你避無可避，然後爆發。

那麼毫無疑問，婚姻雙方同住一個屋簷下，如果缺乏溝通，心裡都壓抑著對彼此的各種不滿。兩人整日面面相覷，當各種婚姻問題再也壓不下去時，日子就再也熬不下去了。

接下來講另一個傾向，遠則生怨，近則不恭。這句話出自《論語》，就是說兩個人距離太遠了，難免生嫌隙，心生怨恨；但兩個人距離太近了，又會互相看不順眼，都在挑對方的毛病。正如人際關係心理學裡所說的，要把握分寸，保持適當的距離，說的也是這個意思。如果再往深處探討的話，其實就講到了每個人的獨立價值。正如帆書APP（原樊登讀書）創辦人——樊登老師說的，人與人交往的分寸感來自獨立的人格和思想，「我」的價值並非來自別人的投射。

但很可惜，大多數人對自己的價值並沒有恆定的認知。所以當別人對他好的時候，離得近的時候，他的價值意識就膨脹了，覺得自己比對方更優秀，對方要討好自己。他開始輕視對方，看到的都是對方的缺點、沒做好的地方。當對方離他遠，對他不好的時候，他又覺得自己很糟糕，沒有價值，還會心生怨恨。

本質上來說，就是這個人的價值感來自別人對他的態度，而他對自己沒有恆定的認知。

在婚姻關係裡也是如此，天天待在一起的夫妻大都會出問題。他們在描述另一半的時候，基本都是嫌棄、指責、不滿意。有人說，最好的關係不是整天膩在一起，因為人總是會有審美疲勞，也有相處疲勞。有時候，兩人分開一段日子再相聚，關係會維護得更好。

價值觀改變導致結婚越來越難，甚至很多人堅持不婚主義

為什麼很多年輕人開始選擇不結婚了呢？我們可以從社會主流價值觀和生存背景的變化來分析這一現象。社會的主流價值觀會影響大部分人的行為。封建社會的主流文化毫無疑問就是父母之命、媒妁之言。那時候的女性幾乎是沒有什麼地位的，而且婚姻對於她們來說是必不可少的，有些朝代甚至對婚嫁都是有規定的，女人必須要嫁人。《晉書》裡就有記載，如果晉朝的女子到了十七歲，父母還沒有為她找到婚配對象，官府會強制性為其匹配一個丈夫，女子不能不從。到南北朝時期，如果女子十五歲還未出嫁，家人也會被處罰。這樣的規定對於那些疼愛女兒的家庭來說實在太殘忍，他們不得不給女兒尋找一個夫婿，否則後果會更加嚴重。

為什麼政府要干預普通人的婚嫁呢？因為那個時候動輒就要打仗，而且醫療條件不發達，導致極度缺乏勞動力，所以讓女子早點結婚生子就是這個目的。

可是當代流行的價值觀早已經發生巨變。對於現在的人來說，經濟發達、科技進步、醫療先進，所以婚姻對很多人的生活彷彿不再是必需品了。更重要的因素是，現在男女地位平等，越來越多的人都開始高呼為自己而活，再加上有能力賺錢養活自己，因此有些人不願意倉促結婚，甚至堅持不婚主義。

另外，從社會背景來看，很多人選擇不婚主義也是合理的。背景的變革主要體現在

兩方面。第一方面，現在的女性不再像古代那樣，不能拋頭露面去工作，只能在家相夫教子，離開男人就無法生活。大部分現代女性都有工作，能養活自己，甚至賺的錢比男人還多。在她們看來，獨居生活更加自由，沒有負擔，所以根本不想打破現在的生活狀態，步入婚姻。

第二方面，年輕人的成長環境不同。這一代的適齡青年大都是獨生子女，從小就是被家裡寵著長大的，性格比較自我，所以很難在關係中去遷就和包容對方。但是在婚姻中，很多時候都需要犧牲自己的個性、事業、需求等去遷就另外一個人，這就會產生很多矛盾。比如很多女性必須要辭掉工作，做全職太太，陪伴孩子成長。對男人來說也是一樣的，他們也越來越沒有耐心和精力去等待和瞭解女人。人們也變得更加現實，他們堅信，如果沒有錢、沒有事業，那麼再浪漫的關係也維持不了多久。

所以，在社會主流價值觀和時代背景的雙重影響下，人們對婚姻的態度也發生了前所未有的改變。最大的變化就是誕生了不婚主義，已經步入婚姻殿堂的人對伴侶的包容度也在降低，一言不合就選擇離婚，迅速回歸單身狀態。

婚姻是一場互利的合作

我在《不是搞不定人，是搞不懂人性》一書中對婚姻的本質已經做過深刻的分析。婚姻制度並非天賜，而是人為，婚姻是一場雙方都獲利的合作。蔡壘磊在《你懂這麼多道理，為什麼過不好這一生？》一書中提到，我們的大腦有一個模糊計算系統，它會即時將我們與外界的互動進行權重加分。

當你在為另一半擰瓶蓋、開車門、拎重物、創造驚喜之時，你可能並未有意識地精確計算價值和回報，但你的模糊計算系統已經快速地為你評估，做這些事可能會引起對方的好感。對方可能會給你回報，也許是一句讚賞，也許是一個擁抱，也許是一個吻，也許只是在心裡為你加分，但這種加分可能會在未來轉化為更實際的回報。

這一系列的模糊計算都在一瞬間完成，並引導我們做出對自己最有利的選擇。不過這個時間太短，幾乎像條件反射一樣，因此我們基本上都意識不到。所以「愛」也是模糊計算後的結果，是我們在無意識的狀態下對自身利益最大化的一種選擇。婚姻同理，只是要評估的利益因素更多而已。

讀到這裡，我相信你對婚姻又多了一層深刻的認知。不過，我們得結合現在的時代來看婚姻這件事。

這是一個個體崛起的時代，大量優秀的個體逐漸從家庭、婚姻、企業中解脫出來，成為自由人。未來社會的每一個人，都會以追求自由、理想和幸福為終極目標，這一切都是以個人的感受為尺度的。

也就是說，世俗的眼光和標準正在一點點失效，未來的幸福標準只有一個，那就是你自己是否開心。所以在這個時代，沒有任何一個人有義務遷就另外一個人。為什麼現在人們很容易就談分手或離婚？因為人們紛紛跳出了世俗道德的束縛，直奔利益而去。

在一定程度上，如果說戀愛的本質是情感交換，那麼婚姻的本質就是利益交換。不要指望有人無條件地對你忠誠和付出，除非你這裡一直都有他想獲取的利益。一旦你能貢獻的利益消失了，不僅時代會拋棄你，你身邊的人也會先拋棄你。合作、戀愛、婚姻都是如此。在未來的社會，人越來越自由，越來越現實，越來越自我，傳統的道德觀念對人的束縛會越來越弱。

這是不是意味著你就不要結婚了呢？當然不是，我依然堅持認為，沒有真正經歷過從一而終的感情，人生是不圓滿的！不過明白婚姻的本質，會讓我們更容易看透很多事，更好地維護感情。婚姻本就是一場自我修行，婚姻的內容絕不僅僅是愛情。不僅僅以愛情為支撐的婚姻，才能長久。

因為愛情只是短時間的好感帶來的刺激，而這種開始的好感，是建立在雙方對形象的刻意維護上的。時間久了，彼此都沒有刻意維護的動力了，愛情的激情也就慢慢平淡了。

能在平淡中不被磨平的，是雙方因為家庭、孩子、生活習慣所建立起來的親情。我更願意認為，婚姻是一場磨難教育，是對一個人心性的磨難，可以鍛鍊一個人的責任和擔當。真正成熟的人，一定少不了家庭的磨練。

＃怎樣不被帶節奏，保持獨立思考？

我曾一度堅信熱情是成交的通關祕笈。但當真正實踐後我發現，客戶並不會因為我的熱情買單。到底哪裡出了問題，這困擾了我很長一段時間，直到我遇見一位老師。他對NLP（神經語言程式學）非常感興趣，分享了很多這方面的知識，讓我對事物有了新的認識。其中最重要的一點是NLP的一個前提假設：溝通的意義取決於對方的回應，有效果比有道理更重要。

簡單說，就是自己說得多麼正確並沒有意義，對方收到你想表達的訊息才是溝通的意義。因此自己說什麼不重要，對方聽到什麼才重要。沒有絕對正確的溝通方法，能讓傾聽者完全接收到表達者意圖傳達的訊息，便是正確的方法。說話的效果由表達者控制，但由傾聽者決定。改變表達的方法，才有機會改變傾聽的效果。

弄明白這一點的時候，我真的是如獲至寶。同時，我曾經深深信服的很多思想，也在那一刻逐步坍塌。看電視劇的時候，主角說了一句話：「從來如此，便對嗎？」對此我更是深受感觸。這世界上九十五％的人都缺乏獨立思考意識，他們只懂得人云亦云，跟隨大眾的節拍，所以一種思想即便過時了，但只要被流傳得久了，傳播的人多了，也會成為一種文化。

天氣大旱，有一個原始部落的人們日子過得很辛苦，天天求雨也沒用。剛好有一天，部落又請來一個人來求雨。在求雨的過程中，他屁股有點癢，就抓了一下屁股。可就是這麼巧，此人剛抓完屁股，天就開始下雨了。從此以後，他就到處宣傳，抓屁股就能請到雨神，族人們也都紛紛附和。久而久之，抓屁股就成為請雨神的儀式動作。

這故事可笑吧！可是這樣的故事卻頻繁在我們的現實生活裡上演。比如前些年的「成功學思想」；父母天天跟你說的「上大學才有出路」；民國之前所謂的「女子無才便是德」；現在還有人盲信的「顧客就是上帝」。

在心理學中也有一個不成文的定律，一件事被反復提及，就會成真，進而影響人的認知。為什麼會出現這種情況呢？如果往深層次去剖析，這其實是人性的懶惰造成的，大腦也不例外。就像人們為了避免走路而發明了汽車，為了避免寫信而發明了電話一樣，由於對每件事物進行獨立判斷需要花很長的時間，於是我們的大腦便走了捷徑：那就是看看周圍的大部分人是怎麼想的，他們認為什麼是對的，然後就把這些當作最好的選擇。

根據別人的想法形成自己的觀點，在某種程度上確實幫我們省了事。比如如果外面在下雪，人們就會穿暖和一些；去沙漠裡考察，你即便沒去過，也知道需要儲備足夠的水。你不用親自嘗試一遍才得出經驗，透過別人的經歷，你同樣可以得到。但這同時也讓我們有被資訊誤導的風險，原因有兩個。

第一，大多數人說對就是對，但「大多數人」並沒有清晰的界限

一方面，我們會根據大多數人的意見形成自己的觀點，但問題是，持有某種觀點的人究竟要達到多少，對我們來說才意味著是「大多數人」呢？事實上，我們對此並沒有清晰的界限。也就是說，我們並不清楚到底多少人認同這個觀點，或是一個觀點被傳達了多少次，才符合所謂的「大多數人」。

另一方面，如果我們對某個觀點耳熟能詳，那可能是因為我們聽過很多次了，我們會在潛意識中相信它是真的。畢竟，不可能所有這麼說的人都是錯的。在心理學中，有一個專門的名詞解釋這個現象，叫作群眾論據。但是，大多數人說的一定是對的嗎？並不是。列寧（Vladimir Lenin）曾說過，真理往往掌握在少數人手裡。一件事情到底是對是錯，往往要在我們對周圍環境以及一系列複雜因素統籌考慮之後才能得出結論。

第二，我們不太挑揀資訊的來源

如果我們在形成自己觀點的時候，往往更願意參考權威人士、行業專家、業內達人的觀點，這在一般情況下是不會有太大問題的。比如，想要健身，最好的方法是傾聽健身達人的建議；生病後，最好的方式是去醫院找醫生診治。

這些看似都沒有問題，是非常明智的選擇，但是問題就恰恰出在這裡。我們做判斷或形成自己觀點的時候，往往是不太挑揀資訊來源的。如果我們經常聽到某種說法，就會逐漸把它視為應該遵從的常規，而不會費心去質疑是誰在這麼說。或者從我們的潛意識觀點的形成層面來說，我們對資訊的認知比對資訊源的認知更重要。就比如，如果經常有人對你說「咳嗽要多吃冰棒」，那麼久而久之，一個不懂常識的人真會在咳嗽的時候買冰棒來止咳，而不是去質疑誰說的這句話，這句話對不對。

所以，社會上流行的很多思想、觀點，甚至是文化，也許並不合理，或者說一開始就是別人刻意製造的。就好比封建社會的君王為什麼要罷黜百家、獨尊儒術，說白了也是為了控制思想，給大眾輸入「價值觀」。但是，大多數人並不能識別出來，反而會乖乖就範。

那麼，如何才能不輕易被這些錯誤的文化、思想所影響呢？不妨從以下三點出發。

一、提升自己的知識儲備和見識

試想一下，假如有人讓你伸出手去火坑裡拿東西，即便說得再有道理，甚至給你錢，你會拿嗎？肯定不會，因為你很明確地知道，火會燙傷你。

為什麼很多時候，我們會選擇根據別人的觀點或建議做事情？其實就是因為我們的能力和知識儲備不夠。別人怎麼做，自己就跟著別人做。這也說明，要想不那麼容易被別人影響，我們一定要加強自身的素質和辨別是非的能力。比如別人說咳嗽要多吃冰棒，你如果懂得醫學方面的知識，就會知道這是非常錯誤的做法，自然也不會被他們所影響。

二、有批判性思維，形成自己的思考

批判性思維就是能夠檢驗思維過程本身的思維。比如人們經常說「你邏輯有問題」，這就是對思維過程的邏輯性批判。培養批判性思維，就是要把關注點放在別人的整個推理過程上，從觀點、證據、結論等多個方面全方位檢驗是否存在錯誤或紕漏之處。這一點我在上文也已經講過了，你可以回過頭再去溫習一下。

三、確立自我同一性

隨波逐流的人往往是沒有自我同一性的人，也就是說，他都不清楚自己是什麼樣的人，不知道自己要做什麼樣的人，所以沒有表現自我的欲望。生活對於他來講沒什麼意義，他只想混日子，得過且過。所以在別人都提出自己的觀點時，他只會選擇追隨，而不想表達自己的觀點。

確立自我同一性，就是考慮自己要成為什麼樣的人，並為此付出努力。一旦你行動起來，你會變得勇敢，敢於打破眾人的壓力，表達自我，成為特立獨行的自己。

如何成為一個有影響力的人？

大多數人所認為對的事情，我們也會不由自主地覺得對，但對這個「大多數人」並沒有清晰的界限。簡單說就是，我們的潛意識更在意的是一個觀點被說了多少次，而不是有多少人說。

所以，很多時候，要使一個觀點或行為被認知為群體的常規，只需一個人就可以做到，只要這個人重複這一觀點或行為足夠多次。因為對我們的大腦來說，一百個人說同樣的事情和一個人把同樣的事情說一百遍，其實沒有什麼區別。事實上，你會發現，那些在電視臺、廣播或其他地方投廣告的商家一直在做這件事。他們反復宣揚自己的產品有多好，但事實上說這些的從始至終都只有他們一間公司。

所以，想要別人信服你的觀點，其實也是很容易的，只要按照這三個步驟來。

一、透過各種方式不斷重複要傳達的資訊

如果你想要影響別人按照你的方式來做事，那麼就請盡可能多地把你要表達的資訊傳遞給他們，不管是透過什麼形式，比如圖片、文字、語言或者影片等。只要你堅持說足夠

多的次數，他們會覺得贊同你就像是在贊同大多數人的觀點一樣，而不會意識到「大多數人」實際上主要就是你。

你也不用擔心那些沒有贊同你的少數人。當越來越多的人贊同你時，他們將會悄悄地保留不同意見，以免引起尷尬。就好比大家都覺得一家飯館的菜很好吃的時候，即便你覺得不好吃，大概也不會說出來。

二、建立一整套思想體系

除了重複說同一句話，更有效的方法是建立一套完整的理論體系，好讓你的措辭看起來沒有那麼支離破碎。

比如，你有一款新產品，你想要讓人們相信你的產品非常有價值，那麼你需要建立一整套思想，包括產品的故事、產品的材料、產品的功效、創始人的故事、產品的客戶見證等。當你要傳達的資訊越完整、越全面，對方就越容易被影響，並且相信你。

三、適可而止

最後一點非常重要。當大家基本上已經相信你所傳達的觀點是大多數人的觀點時，或者當一定數量的人認可你的產品時，你就可以隱身了。

第八章

順從人性，輕鬆經營出好關係

#面對過分的要求，不會拒絕怎麼辦？

你是會對拒絕感到焦慮的人嗎？你是否總把責任都扛在自己身上，對於他人的要求照單全收，儘管那並非你的本意，結果卻把自己搞得很累？如果是，那你要小心了。這一節要分享的主題就是關於拒絕的。首先，我們來看一下拒絕的五個層級。

第一層：不拒絕

即便別人侵入你的邊界，向你提出一些不合理的要求，你已經感覺到很不舒服了，但你依然選擇委曲求全，強迫自己來成全別人，這是最低級的拒絕狀態。你之所以不會拒絕人，除了不知道好的拒絕方法外，還有一個深層次的原因：你的大腦對於這件事產生了很多主觀假設，你假設一旦拒絕了別人，別人就不理你了、就孤立你了。這些讓你深深地恐懼，所以你寧願委屈自己，也不敢直接拒絕別人。

中國心理學作家李雪，在其著作《有限責任家庭》中提到：不善拒絕別人的人往往是因為害怕，他們總是害怕失去關係，害怕傷害別人，因此為了保住關係而做出各種妥協。而這種害怕則是由虛假自體所導致的，它使得個體用一個殼與外界溝通，常常界限不清晰，也難以拒絕別人。

真實自體是可以獨立存在的，而虛假自體必須依賴關係而存在。可以這樣理解，真實自體就像自帶電池的筆記型電腦，一段好的關係可以給自己充電，沒插電源的時候也能照常運轉。而虛假自體沒有自帶電池，只要關係斷裂，它就像被拔掉了充電線一樣，讓人頓失方向，在慌亂中沒有存在感。所以，虛假自體總是恐懼失去關係，會為了保住關係而做出各種妥協，任憑這些妥協傷害自己。

對於這種人，我的建議是可以去做一個驗證。你可以試著拒絕一次看看，去檢驗一下對方是不是真的會如你假設的那樣孤立你，不理你，或者更強烈地攻擊你，以及真的出現這些情況，你到底有沒有足夠的能力承受。

你或許會發現，拒絕之後，對方並沒有這樣做，反而更加尊重你了。對方選擇妥協的時候，其實你就收穫了一個自信硬幣。隨著這種經驗的疊加，你可能就能走出這種假設的恐懼了。當然，你剛開始做「拒絕練習」的時候，可以先找一些不太重要的關係圈嘗試。

第二層：代價很大時才會拒絕

其實每個人在面對不合理的要求時，內心都是想拒絕的。之所以願意委屈自己，主要原因是自己有能力滿足對方，並且不用付出太大的代價，更不會遭受很大的損失。

舉個例子，現在讓你匯給我一百萬元，你絕對會拒絕，是不是？但是現在讓你把這本書推薦給身邊的好朋友，你是不是有很大可能會去做？即便你內心可能不想做這個動作，你也不會拒絕。因為在你看來，這是你能力範圍內能做得到的，而且也不會付出太大的代價。

再比如說，你的父母讓你每週給家裡打個電話，也許你挺煩的，不想做，但可能你就難以拒絕。但是如果父母讓你嫁／娶一個你不喜歡的人，你就很容易直接拒絕了。

所以你要明白這裡的核心是，很多時候並不是你不會拒絕，只是在你覺得自己有能力滿足對方，並且接受對方的要求後，自己也不用付出很大代價時，你會變得很難拒絕。

第三層：找藉口拒絕對方

朋友約你吃飯，你不太願意去，但礙於情面，你往往不會直接拒絕，而是會找一大堆藉口，比如沒時間，要開會，下週有時間再約，等等。但你不敢將內心真實的想法告訴對方：因為我對這頓飯沒興趣。

為什麼會出現這種情況呢？就是因為我們的潛意識裡有一個限制性信念：我拒絕你，我就要有合適的理由。如果沒有，那我就不能拒絕。這個信念導致我們在面對別人的需求時，最困難的不是拒絕，而是艱難地尋找或者編造各種理由。

和第二個層級的拒絕相同的是，你也是有能力滿足對方的，但是你本身並不想這樣做，又不能直接表現出來，這樣就顯得過於理虧，所以會傾向於尋找各種各樣的藉口。但是找藉口也是有很大弊端的，因為只要是藉口，就有被別人識破的可能。就像我們出招，那就可能會被拆招。當你所有的藉口都被別人解決了，站不住腳了，那這個時候你是不是就沒法拒絕了？

另外，找藉口還有一個好處：我不僅不用滿足你，還能讓你理解我，不會因為被拒絕而恨我、怪我。當你這樣做的時候，也很容易出事。因為你傳遞給對方的意思就是，其實我很想幫你，但是我有理由。你只要幫我把這個理由解決掉，我就同意。這時候對方就會絞盡腦汁思索更多的可能性來解決掉這個理由。可是他發現，無論怎麼做，你都不會幫他，他肯定會憤怒，甚至直接怒斥你：「你想拒絕我，直接說就好了，為什麼要找這麼多的理由呢？害我白忙一場。」

那麼對於上面這兩種情況，我的建議是你要做好課題分離。

課題分離是心理學家阿爾弗雷德．阿德勒（Alfred Adler）提出的解決人際關係煩惱的理論。阿德勒說，要想解決好人際關係問題，最重要的就是要區分什麼是你的課題，什麼是我的課題。我只負責把我的事情（課題）做好，而你只負責把你的事情（課題）做好。具體怎麼做到呢？在我看來主要分為三個步驟。

一、判斷「這是誰的課題」

做好課題分離，首先就要學會區分某件事是誰的人生課題，這一點可以參照「選擇所帶來的結果最終由誰來承擔」來做判定。比如，別人向你提出什麼要求，這是別人的課題，因為「被接受還是被拒絕」這個結果是對方要承擔的。而如何回應他們則是我們的課題，因為不管接受還是拒絕，其帶來的結果是要我們承擔的。

所以你去做一件事，不要去想什麼對錯，對錯本就是很主觀的定義，立場變了，對錯可能也就變了。你要去看的是在這件事中，屬於你的課題是什麼，別人的想法、看法都是對方的課題，你無須按著他說的去做，更不用過度在意他的看法。有做事的勇氣，自己對自己負責比什麼都重要。

二、守住本分，不去干涉別人的課題

干涉別人的課題是以自我為中心的表現。比如，有部分家長為了自己的面子而強迫孩子必須怎樣，其實他們就是把孩子的課題看成自己的課題，打著為孩子好的旗幟，滿足的是自己的人生需要。這並不是真正意義上的愛，而是阻礙，因為會干擾別人的課題。

三、守住邊界，不要讓別人干涉自己的課題

分清了課題後，為什麼很多人做不到分離呢？因為他們守不住邊界，這可能和一個人的原生家庭和長期以來的價值觀薰陶有關。比如我們從小到大就被周圍人灌輸孝順、善良、得饒人處且饒人等價值觀，這導致我們即便知道要對別人的干涉進行辯駁、拒絕，但面對具體問題的時候，還是忍了、認了。

事後，我們還會告訴自己，很多事情忍一忍沒關係，聽別人的也沒什麼。這看似維護了一時的平靜，卻影響了自己的情緒，打擊了自己的自信。久而久之，我們可能會真的覺

得別人眼中的自己才是真的自己，別人給的路才是最適合自己的路，而無法找到真正的自己，被牽絆、被束縛。

每個人在生命中都有自己的事情需要獨自面對，我們不能左右別人的事情，同樣也不必被別人左右。中國當代作家馮唐曾說過，世間萬物，很大一部分事，歸根結底是兩件事，一件是「關我什麼事」，一件是「關你什麼事」。真正理解了這一點，我們就有很大的勇氣邁出這關鍵的一步，從而敢於拒絕別人。

第四層：不帶理由地拒絕

我希望所有人都能學會這一層級的拒絕方式。因為很多時候，拒絕是不需要理由的。當別人的請求讓你感覺到不舒服，或者侵犯到你的邊界時，你直接拒絕就好了。大膽說出你的想法，只要禮貌一點就可以。如果說對方因為你的一次拒絕，就不把你當朋友了，並埋怨你、責怪你，那其實你應該慶幸，這樣的人根本就不是真正意義上的朋友。

你要明白，如果因為你的拒絕，對方就受傷的話，你是不用為他的感受負責的。對方對你有需求，那就要承擔被拒絕的可能。他要為自己的需求負責，而不是你為他負責。你的任務永遠是先照顧好自己，先考慮自己。如果對方的要求讓你很不舒服，那你就應該直接告訴對方。

第五層：透過開條件或提要求的方式拒絕

前四個層級的拒絕其實都是一種防禦，那麼，這種開條件、提要求的方式就是反客為主，化被動為主動。關於這一點，我也在之前的著作《不是搞不定人，是搞不懂人性》中透過案例詳細解讀了。對於不合理的要求，誰都會想拒絕，但是很多人並沒有意識到，所謂的不合理，通常都不是不可能，而是缺乏條件。比如，上司交代的任務看似強人所難，但可能是因為時間或者資源不足，沒有辦法保證品質。

所以，當你想對這種挑戰說「不」的時候，不妨換個角度，用成長性思維來分析。如果這個時候說「是」，需要額外增加什麼樣的條件？具體的做法，就是從接受對方的要求開始，但不是無條件地滿足對方所有要求，而是有條件地接受，也就是以接受為籌碼換取更多的資源。

瞭解這五個層級的拒絕方式後，我們再來詳細看幾個案例，手把手教你學會拒絕。

【可能遇到的問題①】

你平時的工作已經忙不過來了，老闆還常常加碼，不斷分派新任務，你該怎麼拒絕這種不近人情的要求呢？

常見的說法：不行啊！老闆，我手上有這麼多事了，實在沒時間處理啊！

高手的說法：沒問題！老闆！可是您看我手上已經有這麼多事了，要保證工作品質和進度的話，我希望您派兩個幫手給我，可以嗎？

【為什麼要這樣說】

直接拒絕老闆的話，老闆只會覺得你是製造困難的人。只有接受工作，你才能成為老闆心中善於解決問題的人。而且，你提出的條件，其實就是拒絕老闆原本「又要馬兒跑，又要馬兒不吃草」的想法。

但是，你一提出「要完成這件工作，我需要什麼條件」時，在老闆眼中，你就是態度積極、想幫公司解決問題的員工。這時候，你不僅並非麻煩製造者，老闆還會為了讓工作進行得更順利，主動配合你，考慮是否該提供更多資源，還是重新安排這個計畫。

當然，有些老闆只願意分派工作任務，卻從來不肯給資源。在這種情況下，除了爭取授權、預算和人力資源之外，你還可以考慮時間資源的置換。

比如說，老闆交給你一項緊急任務，規定你必須三天之內完成。這時候，你就可以借機跟老闆置換，一邊表態說自己很樂意臨危受命；一邊表示為了保證工作品質，勢必需要推延其他任務的截止時間，請老闆批准。

如果老闆交給你的事情真的很緊急，通常不會不答應這個要求，甚至還會主動增派人手來幫你。結果你的工作總量不一定會增加，但在老闆眼中的印象已經是大大加分了。事實上，如果最開始就一口回絕老闆，並不會讓你之後的工作更輕鬆。等你忙完手邊的事，還是會有新的工作、新的任務。反倒透過交換籌碼獲得資源，你可以在同樣的工作負擔基礎上，贏得老闆更多的讚賞。

【延伸思考】

這種跟老闆談判的技巧，除了可以用來交換工作上的資源，也可以用來交換實質的獎勵。比如，你覺得最近加班太多次，就可以在老闆交代新任務的時候說一句：「沒問題！只是這陣子忙得亂七八糟，趕完這份工作，您要答應讓我放假啊！」

只要不涉及原則性的問題，任何拒絕其實都是某種談判。而既然是談判，接受與不接受，都不是絕對的，而是有條件的。善於拒絕的人，往往也是善於開條件的人。聰明的拒絕有這樣一種邏輯：以現有的條件我做不到，可是換個條件的話，我想我是可以接受的。

【可能遇到的問題②】

我是一名設計師，很多朋友都找我幫忙製作圖片和海報。但幫了這個忙之後，我不但得不到酬勞，還得不到對方的重視和感謝，對方還變本加厲地讓我繼續幫忙。我該如何拒絕這樣的要求呢？

常見的說法：不好意思，最近真的沒時間。

高手的說法：不好意思，正因為這是我的專業，所以實在沒辦法隨便幫。

【為什麼要這樣說】

很多專業人士都會陷入被人要求免費幫忙的尷尬。比方做翻譯的人經常被要求順手翻譯外語資料，當律師的人經常接到電話想稍微諮詢一下法律建議。而這些人事後往往不會想到要支付相應的報酬。

為什麼會出現這種情況呢？其實很多時候是因為人們的價值衡量標準出了問題。我舉個例子就很容易明白了，如果我們要請人幫我們搬磚，從一樓搬到六樓，對方汗流浹背，我們不會只說一聲謝謝就完事了。因為在大多數人看來，這很辛苦，這種價值可以直接衡量出來。

但是如果醫生只是給了幾個建議，或者讓設計師設計一張海報，我們很多時候是不願意付錢的，或者說付了錢後會覺得不值得。因為人們對某樣事物是否值錢的認知，往往都流於表面。這些工作當然也需要花費時間、人力和物力，只是不像搬磚那樣直觀，所以經常被忽略。甚至外行人會覺得，你不是專業的嗎？你只需要動動嘴，給我提些建議就能幫到我，這對你來說絲毫不費力，我為什麼還要付錢呢？所以，如果你的職業不太容易讓人看到付出，就特別容易被人佔便宜。如果你真的想拒絕被人佔便宜，就要直接消除他對你專業價值的誤解。

舉個例子來說，知名相聲演員馮翊綱同時也在大學教課。上課時經常有學生起鬨，讓他講個段子。遇到這種情況，馮翊綱在每學期的第一堂課開始前，就會先介紹自己的一個原則：我是說相聲的，所以上課時我絕對不會講笑話。因為我一說笑話，你們就得給錢才能聽。

他的意思是，講笑話是我的專業，不是我的嗜好。既然是我的專業，我就不能隨便亂來，不然就是不敬業了。所以，一旦我講了笑話，就得收錢。不然，不是你們對不起我，是我對不起自己的專業。像這樣軟中帶硬的說法，就比冷冰冰地拒絕要好得多。而且學生聽完之後，更能感受到專業人士對自己專業的自信和尊重。

如果以後有人想請你免費幫忙，請記住，專業就是要拿來收錢的，不能隨便給人。你可以這樣跟對方說：「對不起，因為這是我的專業，所以如果我不認真做，我對不起你。而如果我認真做了，我對不起我的專業。這個忙，我實在沒辦法隨便幫。」專業人士要對得起自己的專業，所以不能降低標準幫忙隨便做；專業人士要對得起自己的行業，所以不能免費幫忙破壞行規；專業人士要對自己的價值有自信，不管外行覺得這事有多輕鬆，該有的價格還是得維持。

【延伸思考】

人性是這樣的，有了第一次，就有第二次、無數次。你免費幫對方一個忙，未來可能會再讓你幫無數個忙，因為你好說話，又不收錢，對方有問題自然會想到你。另外，對於專業人士來說，不能幫忙就直接拒絕，不要解釋那麼多，或者找多個藉口。因為當你說自己沒時間時，對方通常就會接著說：「沒事、沒事，我對品質沒要求，你隨便做一下就好……」

可是，一旦你相信這種話，結果做出來效果不好時，對方就算沒給錢還是會抱怨，甚至會懷疑你能力不行。反過來說，如果你做得很認真，而對方又覺得這不過是你隨便做的，你也會覺得委屈。如果對方以為你做的事只是順手一幫，那麼你可以從專業標準這個角度去解釋，讓對方明白你的作品關係到自己的專業形象，所以不可能隨便做事。而如果要按職業標準認真對待，那就得收費。話講到這裡，不但維護了你的利益，同時也可以讓對方更尊重你的價值。

另外，人際互動是很微妙的，雖然我們很難要求別人尊重我們的專業，但是當你表現出「不管你怎麼想，我都很尊重自己的專業」時，就算你拒絕了別人的要求，對方也會覺得你的專業是值得他人敬重的。

三毛說過：「不要害怕拒絕別人，因為當一個人開口提出要求的時候，他的心裡已經預備好了兩種答案，所以給他任何一個其中的答案，都是意料中的。」在我們的傳統文化中，保全面子是重要的，保全面子就意味著不要讓他人難堪。太多不懂得拒絕的朋友，正是因為害怕駁了對方面子而不好意思拒絕，由此導致了一系列不愉快的後果。

友善其實是一種病，病就病在企圖取悅所有人。過度友善的人更害怕拒絕，因為在他們看來，拒絕別人同樣是一件傷面子的事。把面子看得比天還大，往往源於內心的弱小，事事害怕讓別人失望，其實也是一種自卑。

#可以付出，但不要有付出感

不久前，我看了一檔綜藝節目。讓我感觸比較深的是節目剛開始發生的一個小插曲。

當時有一對情侶嘉賓正要做飯。女嘉賓對男友說：「我給你做一個白糖番茄吧？那個很好吃。」男友卻語氣不爽地說：「不要說給我做好不好？我們在一起吃的，妳不要說給我做。」

女嘉賓有些生氣地說：「這個詞有這麼重要嗎？」

男友回覆：「我覺得很重要，反映妳的想法跟妳的內心。」

女嘉賓不服氣：「那我給你做這件事情有什麼不對呢？」

男友回覆：「我沒有說不對啊，但妳說給我做好像是在伺候我，可我們是在一起吃啊。」

這話徹底惹怒了女嘉賓，她就沒再回應男友的話，自己低頭做著飯。

這個片段播出之後，可以說快速地引起眾多網友的熱評。有人力挺女嘉賓，為她打抱不平，但也有人覺得男友似乎說得沒有錯。其實這有所謂的對錯嗎？並沒有，只能說更多的是合適或不合適，理解或不理解。這樣的事不只是發生在這對情侶之間，在親密關係場景中也很常見。那為什麼會出現這種問題呢？其實這裡面涉及兩個主題。

一個是主體的轉變。在和另一個人建立關係之前，主體是「我」，「我」在看待問題、採取行動的時候不用考慮那麼多，自己能夠接受就可以了。但是成為別人的伴侶後，主體就由「我」變成了「我們」。所以平時我們看似沒什麼問題的話語、處事方式，如果放在關係的層面去看，可能就不太適合了，甚至會因此產生矛盾。

另一個就是我們這一節要講的主題：付出沒有問題，付出也不一定就會換來愛，但是在某種程度上，付出是能夠增加被愛的機率的。可是不健康的付出就不一樣了，不健康的付出必然是換不回愛的。更可怕的是很多人可能就會玩起付出感的遊戲，這必然會讓親密關係變得更加嚴峻。

什麼是付出感？從心理學層面來講，付出感是每個人與生俱來的補償心理。我們做一件事一般有兩種動力：一種是為自己而做，一種是為他人而做。如果是為自己做，那麼即便這個過程很痛苦，我們也會任勞任怨，因為我們知道這是自己選擇的，怪不得別人。但是如果是為別人而做的，那麼我們就會形成一種付出感。付出感就是在你的感覺裡，你為對方做了多少事，但這和你實際上做了多少事完全是兩回事，和對方感受到你做了多少事更是兩回事。

所以當你付出了很多，但是遲遲沒有得到自己想要的回應時，你在付出感的加持下就會心懷委屈、不甘，想要透過各種手段讓對方回應你。就像李雪老師在《走出劇情》一書中提到的，付出感必然伴隨怨氣，付出越多，怨氣越重。不健康的付出主要有下面這幾種。

盲目的、自以為是的付出

我的第一個女朋友就是這樣一個人，她雖然對我也很好，但是她的付出會讓我很有負擔。拿一件日常小事來舉例，我不喜歡吃肉，她也很清楚這一點。但是她心情好的時候就喜歡做各種大魚大肉，我也只能硬著頭皮吃。如果哪次吃得少了，她就會抱怨，生悶氣，說「以後再也不給你做飯了」。對此，我就很不能理解，她所謂的對我好，並非針對我的需求和喜好而言的。

其實這樣的例子隨處可見，很多人抱怨說：「我明明對你那麼好，為你付出那麼多，你為什麼不領情？」原因就在於你的付出是盲目的、自以為是的，並沒有考慮對方是否真的需要。所以，當你做了很多，但又得不到自己所期望的回報和感恩時，就會開始心理不平衡。因此，付出之前，你要先瞭解對方的需求，盡可能做到有針對性地付出，不要盲目給予對方並不需要的東西。

過分誇大或扭曲自己的付出

很多人的付出都是失去客觀標準的，對付出並沒有清醒的認知。其實你為對方做了什麼，對方心裡都有數，只是沒說出來而已。所以你付出就可以了，千萬不要誇大或者扭曲事實，這樣反而會讓對方從感恩轉變為反感。比如你花了一兩千給老婆買了一個包，那就不要三天兩頭強調一遍，更不要撒謊說這個包是上萬元買的。一定不要玩這種手段。

除了知道自己需要付出的是什麼，也要客觀評估付出的價值。因為人的精力是有限的，如果我們先付出了，但是並沒有得到相應的回報，就會覺得繼續付出太虧，那麼這個時候大部分人會怎麼做呢？他們會轉換策略，也就是透過提升自己的付出感，來讓對方知道「我已經為你付出了很多」，企圖以此啟動對方的內疚，目的是交換想要的回報。如果依然得不到相應的回饋，他們甚至會因愛生恨。因此很多時候，我們會發現我們主觀上認為自己付出了很多，但這種強烈的付出感並不能換來相應的愛。

有付出感的人並非天生虛偽，而是他想不到更有效的方式來表達自己的心意。他真正想傳達的資訊是：我付出了很多，我想得到你的誇獎，想讓你明白我有多重視你。但是礙於自己的能力有限，沒辦法做得更多，而且又遲遲沒有得到想要的回應，只能透過持續付出來換取你的認可。

刻意弱化自身能力的付出

這個手段也是非常常見的，比如我老婆以前就跟我探討過類似的話題。我問她什麼是愛，她說你手上有一百塊錢，卻仍然願意為我花九十九塊錢，就比你手上有一萬塊錢，只為我花一千塊錢更愛我。

其實這也是一種增加自己付出感的方式，透過縮小自己的能力，來彰顯自己的付出。很多家庭也經常會上演這種戲碼，比如有的媽媽會說：「我為你付出了所有。」「我砸鍋賣鐵也要供你念書。」「為了你，我都……」這些看似悲壯的話語，其實背後的邏輯都是一樣的，我什麼都沒有，卻付出了所有，我很偉大。

所以，我們要明白，透過裝可憐的方式來昇華自己的付出，會將自己置於受害者的身分，並將對方置於加害者的身分。可現實是，沒有人願意成為這樣一個壞人。因此，這種手段往往換不回想要的回應。

暗示對方不值得付出

這個也很好理解，比如「你是一個壞蛋，本來不值得被人關心、被人愛，但是我仍然對你很好」，以此來讓你形成一種「我為你付出很多」的錯覺。我以前做過一段時間的銷售，有個客戶拒絕了我很多次，但我都沒有放棄，最後他看我確實不容易，就給了我簽單的機會，我對此也很感恩。可是自那之後，每次我見到他，他都會不斷地跟我討人情，言語中透露的意思是，我本不值得他的關照，但他依然做了，所以我要對他感恩戴德。

問題來了，用這些方式增加自己付出感的人，本意是希望獲得回應和更多的愛，為什麼非要用這些方式呢？實際上是因為他們實在沒有更有效的辦法。如果你也面臨這種情況，那可以從兩方面來改善。

一、提升自我覺察

你為了獲得對方的認可、回應或者愛，是不是也經常使用這些無效的方法？如果是，請趕緊停止，這是在破壞關係，你得學會一致性表達自己的需求。

什麼是一致性表達？就是以客觀事實為依據，不帶情緒地表達自我的感受，並明確提出需求和期望的溝通方式。這更多是一種商量和探討的態度，表達的是和善、積極的立場。

比如你辛苦為伴侶做了一桌子飯菜，希望得到伴侶的讚賞，想要獲得積極的回應，但是伴侶卻沒有意識到。這時候，你不用因為委屈就去增加自己的付出感，你可以直接告訴他：「晚上我在廚房忙了這麼久，給你做了一桌子菜，可是你卻吃了沒幾口，什麼也沒說，這讓我挺失落的。你是我最重要的人，我很在意你，所以很需要你的回應。」

二、嘗試理解別人

如果你身邊有這樣的人，請明白，很多時候他只是需要你回應他、愛他，他並非故意讓你內疚。所以，你要去嘗試看到他們的需求，當他們得到回應和滿足的時候，其實就不會再有這些不恰當的索取愛的行為了。

#如何提升自己的領導力思維？

我有時候跟一些主管閒聊，發現他們在日常管理過程中經常會遇到這樣的情況。比如只顧自己做事，不注意協調員工，一段時間後，發現自己每天起早貪黑，其實花了很多時間在幫員工「善後」，耽誤了自己的本職工作；想跟下屬打成一片，卻因為說話不注意，到最後裡外不是人；甚至有些人有了成績就跟員工搶功勞……

其實在我看來，這些問題的根源是因為他們缺乏領導力。那麼我們就來講講認知模式中的領導力思維。說到領導力，其實很多人就有誤解，覺得領導力就是職位。一位老師曾分享過一個故事，有一次他在總裁班講課，有一個學員就說：「我們今天坐在這裡，就是我們有領導力的證明。」

為什麼他會這麼說呢？其實不難理解。對於他來說，他是這樣想的：「我們今天坐在這裡，因為我們是總裁，而我們能夠當上總裁，就證明我們有領導力。」不過老師聽完就直接告訴他說：「你們今天坐在這裡，並不能證明你們有領導力，只證明你們有領導職位。」

美國有一位領導力大師叫約翰．麥斯威爾（John C. Maxwell），他本來是個牧師，後來成為非常有影響的大師。麥斯威爾說過這樣一句話：「如果我必須界定人們對領導力的頭號誤解的話，那就是認為領導力只是來自擁有一個職位，或者頭銜。」那麼真正意義上的領導力指的是什麼呢？在我看來，它主要包括三個核心：放權、培養和成就感。

第一，放權

微觀管理的核心是控制，強調的是擁有控制權。擁有控制權固然很好，但這並非成功和長期管理的關鍵所在。因為事無鉅細式的微觀管理往往會扼殺員工的創造力和多元化的參與性。

所以作為領導者，第一步要學會放權，捨得放權，給員工鍛鍊的機會，讓員工在實戰中快速成長。如果任何事情都要親力親為，那你就不是一個真正的領導者，而是一個打雜的高級工具人，長此以往會出現各種各樣的問題。

那到底如何真正地放權呢？很多領導者認為，我把這件事交給你就是放權，如果事情偏離自己的預期，立即插手。這是不對的，領導者在交代完任務以後，無論事情大小，既然交給員工了，就要信任員工。因為領導者也不可能想得面面俱到，往往越是自己不認可的行為，越會綻放出耀眼的火花。如果領導者過度插手，員工的能力就得不到鍛鍊。

所以真正意義上的放權，在我看來要考慮到四個層面。

第一個層面是明確放權的三要素：任務、權力和責任。放權時要明確告知員工具體的目標和要求，授權員工在一些事情上可以充分做主，並且告知他在做這項工作時所需要承擔的責任。

第二個層面是做到「放手但不放棄，支持但不放縱，指導但不干預」。把權力授予員工，但並不代表就此甩手不管。工作中有很多關鍵性的問題，如果什麼都不過問，就會出現問題。因此，領導者在放權的同時也要關心自己該關心的事情。同時在放權時要規定好權力的範圍和職責要求，做好監督，並且要讓員工做好回報。

第三個層面是因人因事，合理放權。放權時要靈活一點，因人因事而定。對可靠、有經驗的員工，放權可以大一些；而對做事馬虎者或者新人，就要適當放權小一些。當然，對於特別重要的事情，就要放權小一些，甚至要參與把控每一個環節，參與的目的主要是把控進度、總體安排部署，讓事情按照既定方向無誤進行。

第四個層面是交代完任務要通知其他員工。領導者要告訴其他人：「這個任務我交給了員工A，由他全權負責，請大家協助配合A完成任務，有問題直接找他。如果他解決不了，他會來找我。希望各位齊心協力，一起完成任務。」

這個舉措一方面讓被放權的員工得到足夠的信任，會對完成任務充滿自信心，更加積極，同時也會讓其他員工知道某員工被放權，以便全力配合。

第二，培養

一個公司想要發展，需要的是人才的推動，以往那個單打獨鬥的時代早已經過去了。只有手下有能人，公司才有更好的未來。所以管理者的第二大要務就是培養人。

近年來衍生出來一個概念叫作教練式領導，意思是說領導者不僅要把事情給做好，還要充當教練的角色，培養手下的員工，激發他們的潛力，然後一群人來推動更大的事業。

教練式領導起源於哈佛大學的一個博士，他辦了一個網球俱樂部，但是網球教練人員不夠，於是便讓隔壁的滑雪教練來教，最後卻發現滑雪教練教出的學生比網球教練還要好。

這是為什麼呢？因為滑雪教練並不會打網球，所以並沒有任何指導和介入。相反，他們會詢問選手的感覺，讓選手自己體會，然後做出調整。「這一輪你感覺怎麼樣？怎樣打會更好一點？好，你自己調整調整。」滑雪教練的詢問幫助網球選手找到了最佳的狀態，並且自己去承擔成長的責任。而網球教練過多地專注於技術糾錯，給學員帶來的是挫敗感，反而忽略了最重要的成功因素。

那具體怎麼做呢？要成為教練式的領導者，首先必須修練自己的內功心法，做到教練三原則：支持、期待、信任，簡稱SET原則。

一、支持

支持代表著教練的初心。作為教練式領導，你要做到發自內心地想幫助員工成長，言語上表達「我支持你」很容易做到，但是這還不夠，你還需要透過行動去表達支援，真正讓員工從內心深處感受到你是跟他是站在同一邊的，他遇到困難的時候，你會是他堅強的後盾，你會毫無保留地支持他。

二、期待

期待指的是期待員工自行對問題進行探索和分析，獲得成長。很多領導者都犯了一個錯誤，就是當員工遇到問題的時候，會迫不及待地幫他們解決，以體現自己的能耐，其實這只會磨滅員工從中成長的機會。員工還會在無形中形成一種觀念：有問題，找主管，解決問題是主管的事情，我只負責做力所能及的分內事。最終的結果就是，員工越來越無能，領導者越來越忙碌。

三、相信

相信是指做到發自內心地相信每個人都有無限的潛能，每個人都能解決自己遇到的問題，相信每個人都是很棒的。放在具體的工作場景中，就是不要害怕員工犯錯。有時候你明明看見他們在某個工作環節上做錯了，也別急著指出來，有些南牆是必須讓他們自己去撞的。他們只有撞了牆、跳了坑，才會有所成長、有所醒悟。很多領導者害怕員工犯錯，但凡員工稍微出點錯，他們就大發雷霆，趕緊去糾正。這看似是為公司利益著想，其實恰恰剝奪了員工從錯誤中成長的機會。

這裡有一個反面教材需要瞭解一下，那就是諸葛亮。諸葛亮非常厲害，上知天文，下知地理，江湖名號更是「臥龍鳳雛，得一人可得天下」。可是他的下場卻非常慘，劉備死後，他輔佐劉禪，手下無人可用，最終病死在五丈原。後人評價他：「出師未捷身先死，長使英雄淚滿襟。」為什麼會造成這種局面呢？原因就在於諸葛亮作為一個高階主管，卻犯了兩個嚴重的錯誤：不懂得放權和培養員工。

真正的領導者，不應該什麼事情都親力親為，芝麻綠豆大的小事都要親自去處理，如果這樣，那還要手下那群兵將幹什麼呢？其實縱觀諸葛亮的一生，他確實是做到了鞠躬盡瘁，死而後已，但錯就錯在這一點：他作為一個軍師，後來成為丞相，很多小事真的不需要自己去辦。

其實諸葛亮在世時，蜀國丞相主簿楊顒勸諫他不要事必躬親。楊顒認為：「為治有體，上下不可相侵。請為明公以作家譬之：今有人，使奴之耕稼，婢典炊爨，雞主司晨，犬主吠盜，牛負重載，馬涉遠路，私業無曠，所求皆足，雍容高枕，飲食而已。忽一旦盡欲以身親其役，不復付任，勞其體力，為此碎務，形疲神困，終無一成。豈其智之不如奴婢雞狗哉？失為家主之法也。」

楊顒以治家類比治國，如果家主凡事親力親為，去做奴婢、牲畜的事情，不再把事情交給別人去做，為這些瑣碎事務耗費自己的體力，反而讓自己身體疲勞，精神困倦，最終沒有一件事情會成功。難道他的智力不如奴婢和牲畜嗎？當然不是，而是因為這違背了一家之主的原則。

可諸葛亮聽完似乎並不上心，直接以「托孤之重」、「惟恐他人不似我盡心」為由婉言謝絕了。最終，諸葛亮殫精竭慮，病死五丈原，真是可悲可歎。

放權有兩個好處，一方面表達了自己信任，另一方面也培養了下屬。可諸葛亮是怎麼做的呢？手下士兵去打仗，他就給人家三個錦囊，遇到危險就打開。長此以往，這些兵將根本不用增長自己的能力，不用學習如何打仗，如何提升自己的思維，因為總有丞相在背後為他們謀劃，所以他們的依賴性非常強，潛力也沒有被激發出來。

於是劉備死後，蜀國就變成一個什麼樣的局面呢？「蜀國無大將，廖化做先鋒」就是說當時五虎上將相繼離世之後，劉備也死了，這個時候的蜀國無人可用了，先鋒官都只能用廖化這種角色了。所以，後期的蜀國是特別弱的，無論大小事都需要諸葛亮自己去辦。

其實五虎上將死後，他們都是有後代的，只要好好培養這些人，還是有可能大有可為的，可惜諸葛亮就不懂得這一點。

第三，成就感

人有一種追求整體、完整、完美的傾向，比如填平一個坑、做完一道題、補全一張拼圖、完成一項挑戰、贏得一場比賽等。當這些任務完成時，內心會獲得一種滿足感，而且任務難度越大，完成後所獲得的滿足感就越大。極致的滿足感不僅會帶來心靈上的享受，而且會帶來生理上的反應，如肌肉緊繃，感覺有一股電流刺激過一樣，心理學稱之為「高峰體驗」，也可以理解為心流、福流等。這種心靈體驗就可以稱為成就感，也就是達成成就之後獲得的身心感受，是一種積極的情緒體驗。

人的一生除了有衣食住行等物質需求外，還有精神需求，比如成就感。成就感對每個人來說是非常重要的。它和我們的自我價值息息相關，因為我們大部分人都是透過獲得某種成就感以確認自己存在的意義的。

對於員工們來說也是一樣的。員工們為什麼要為公司效勞？為什麼要努力工作呢？除了要跟著你混口飯吃，還希望能在你這裡感覺到自己是一個有價值的人，找到自己存在的意義。所以你想要做一個合格的領導者，就要帶著員工衝鋒陷陣，想方設法去成就他們。

如何去成就他們呢？這就又回到了第一點放權上。你要放權一些專案，交給他們獨立去完成，他們在自己的努力下完成某件事情，又獲得了你的褒獎，這樣他們才會感覺到滿滿的成就感。

那麼在諸葛亮管理的這個軍營裡，將士們能不能找到成就感？不能。因為諸葛亮根本不放權，不放心把一些事務交給手下人去做，而是要聽從自己的指揮。那如果成功了，這份功勞算誰的？肯定是諸葛亮的。所以，手下人很少去賣命幹活，因為取得了功勞又不算自己的，沒有成就感，就沒有行為的動力。

想讓員工有成就感，領導者還要時常表達自己的重視，學會吸引人才向自己靠攏。關於這一點，我們可以向曹操和劉備學習。

官渡之戰的時候，許攸投靠曹操，曹操半夜鞋都沒穿，光著腳就出來迎接他。再看劉備，當初為了請諸葛亮出山，三顧茅廬，自己的面子都不要了。

為什麼要這麼做呢？這麼做會給所有員工營造一種感覺，我很重視人才，我求賢若渴，我禮賢下士。

但這一點在諸葛亮那裡絲毫沒有體現過，諸葛亮要的永遠是聽話的人，那他就做不好領導者。總體來說，諸葛亮的個人能力是非常出眾的，但是他的領導力確實有所欠缺，這也從一定程度上導致蜀國到後期根本沒有立足之地，很多有才能的人都轉投了魏國。

那為什麼劉備活著的時候沒有出問題呢？其實是因為當時五虎上將還在，關羽、張飛、趙雲、黃忠、馬超這些人的能力都是非常強的，不需要培養。這個時候的諸葛亮是有人可用的，所以不會出什麼大問題。但是五虎上將死了之後，諸葛亮手下無人可用，這個領導的弊端馬上就暴露出來了。

所以領導者一定要學會放權，不能把什麼事都攥在自己手裡，而是要把事情分發下去。這樣自己就不會那麼累，還可以在這個過程中鍛鍊和培養自己的下屬。

第九章

人性亙古未變，學會野蠻生長

#免費的東西人人喜歡，卻無人珍惜

你對別人的好越沒有底線，你的付出就越廉價。等到大家都覺得你的付出可以免費索取時，你就成了最不被珍惜的那個老好人。這段話很扎心，但是很現實。為什麼很多人會輕易對自己的伴侶、孩子、父母發脾氣？因為對親人發洩情緒是不需要付出代價的，無論多麼過分，親人依舊會對自己不離不棄。

這也引發我們的思考：正因為親人的愛是不需要代價的，所以很容易不被我們珍惜。

人們更關注求而不得的東西

二〇一三年，澳洲雪梨大學的心理學家們曾做過一項實驗。他們招募了兩百七十名大學生參與一個校園約會，每個人會收到三個資料夾，分別標示著A、B、C。實驗人員告訴他們，信封裡有一些人物資料，這些人都是被其他學生評價為非常有魅力、有吸引力的對象。

其中，資料夾A中是一個非常熱情的人，願意與一些剛認識的人約會；資料夾B中是一個相對捉摸不透的人，偶爾會和剛剛認識的人約會，通常情況下，他不會直接拒絕，但是也不會輕易接受他人的表白；資料夾C中是一個非常高冷的人，從來沒有和剛認識的人約會過，基本都是直接拒絕表白和約會請求。

接著，參與者會被問到三個必答的問題：第一，如果選擇跟其中一個人約會，你會選誰？第二，如果選擇跟其中一個人發生性關係，你會選誰？第三，如果選擇跟其中一個人建立一段長期、忠誠的感情，你會選誰？

實驗結果表明：整體上，人們更願意和熱情的A發生性關係，但是更喜歡跟相對捉摸不透的B約會，或者建立一段長期穩定的關係。但這些選擇也存在一些性別差異：男生更喜歡跟熱情型女生發生性關係，而女生則更喜歡跟高冷的、讓人捉摸不透的男生發生性關係。在長期伴侶的選擇上，男生和女生都偏愛捉摸不透的對象，但是男生會比女生更偏愛高冷的對象。總結起來，無論是男生還是女生，他們都更喜歡跟捉摸不透的人建立一段長期的、忠誠的愛情。

蔡壘磊在《愛情的邏輯》這本書也提到這個現象，就是我們很容易對那些曾經對我們不好的人，或者優秀但不怎麼搭理我們的人念念不忘，因為我們或多或少都有一點「求而不得」的情緒在裡面。

為什麼人會對求而不得的東西特別關注呢？因為人性貪婪。人類所有的行為都會指向一個終極目的——提高自己的生存機率。理論上來說，一個人擁有的資源越多，就越能應對各種不確定風險，生存機率就越大，所以人也就越貪婪。

貪婪不僅僅是無窮無盡地向外索求，因為我們不僅要獲得更多的新資源，還得保住現有的資源。如果得到的還不如失去的多，那就會得不償失，人就會表現出一種「不貪婪」的貪婪。所以當我們獲得一個新資源時，大腦會給出一個「欣喜」的信號，而當我們失去了還想要的舊資源時，大腦會給出一個「痛苦」的信號。

這些信號會透過生理反應表現出來，以此控制我們的行為。

喜新厭舊背後的人性規律

那麼，什麼時候我們會選擇「獲得更多新資源」，而不是「守舊」呢？當我們已經擁有某些資源達到一定時間，且判斷其有更大的機率會繼續屬於我們時，大腦就會傾向於將這種「擁有」狀態視為理所當然，讓「擁有它們」帶來的幸福感遞減，同時誇大還未獲得的東西的心理效用，引導我們把更多的精力用於「貪婪」。

簡單說，就是對於那些很容易得到的，且我們預期到接下來很長時間內還能擁有或得到的東西，我們的大腦就會對它進行主觀地貶值。而對那些沒得到的其他新資源的價值，我們則會進行主觀地放大。我們平時所說的「喜新厭舊」，背後其實就是這個邏輯。

這種大腦設定所帶來的結果就是，一個東西越是便宜，越是容易得到，越是經常得到，我們對它形成的價值判定就會越低。所以你會發現，世人大多數的表現都是，看到免費的東西都喜歡搶，但是搶到手之後絕不會珍惜它，經常得到的東西則會習以為常，覺得理所當然。

我有個朋友經營美容工作室，為了拓展生意，她免費推出一套保養服務，並透過發傳單的形式來宣傳自己，結果無人問津。因為人們都有這樣一個思維定式：免費送的會是什麼好東西呢？肯定是三無產品（編按：指無生產日期、無生產廠家、無生產地址的產品，不符合安全標準，來路不明的產品）。

後來我幫她出了一個主意：首先把這個服務包裝成一個套餐，製作成VIP卡，明碼標價一九九九元，然後再找附近的商家合作，比如高端髮廊、女裝店、酒店、健身俱樂部等。可以和商家約定好，只要在店裡消費滿一定的額度，就可以拿著這張VIP卡到她的店享受免費服務。對於這種資源交換，商家也很樂意。最後效果果然很不錯，她挖掘到很多目標客戶，都建立了長久的合作。

這個世界在很大程度上跟我們想的不一樣，如果我們純粹地活在自己的主觀世界裡，一直在用自己的主觀處理事情，即便再努力，也很可能無濟於事。我們只有真正從人性的角度去審視這些本質規律，才能更好地達到自己想要的結果。

#別人對你是好還是壞，取決於你

我之前所在的公司有個女主管的能力很強，常常沒日沒夜地工作。一開始大家都覺得她傻，隨著後來常打交道，我慢慢跟她熟了起來。有一次，我倆一塊兒去吃飯，我就問她：「妳怎麼這麼拚啊？」她喝了口酒，無奈地說道：「人在江湖，除了變強，別無選擇。」

當時我不理解，她就給我講了個故事。原來她剛進入公司的時候，心思單純，什麼事都沒想那麼多，也不怎麼上進。後來公司有個男同事，總是有事沒事騷擾她。她很煩，可是又沒辦法。後來她跟朋友聊天，朋友就跟她說了一句話：別人敢這麼對妳，是因為妳太弱，得罪妳的成本和代價很低。那一刻，她頓悟了，開始拚命工作，不到半年連升兩級，後來更是成為公司主管。曾經總是騷擾她的人，見到她都是繞道走，最後直接辭職了。

很多人總是抱怨：為什麼自己被傷害？為什麼自己被坑？為什麼別人這麼對自己……其實，別人怎麼對你，很大程度上是你自己造成的。正如某位演員有次被採訪時所說的，自己成名前，到處都是小人，有著各種各樣的陰謀算計，可是成名後，周圍都是笑臉。

當你強大了，身邊全是好人

所以，你身邊圍繞的是誰，怎麼對你，都是由你自己決定的。你弱了，身邊壞人就多了；你強了，身邊好人就多了。人這一輩子，要做的永遠都是修練自己。外在的一切，我們都無法主導，我們唯一能夠控制的只有自己。所以對於強者來說，他們永遠相信一個邏輯，就是自己強大了，一切問題都將不再是問題。

很多人會透過講道理的方式去為自己的價值觀辯護，為自己的生活方式辯護，以此來證明自己是對的。但強者很清楚，這基本上是不可能的，也是非常幼稚的。一個人想要為自己辯護，最好的方式就是變強。

這就好像你去與人溝通，很多時候你還沒開口，你的身分地位其實就說明了一切。如果你足夠強大，哪怕你講的是錯誤的話，也有人聽，也有人為你圓場，也有人包容你。如果你本身的價值非常低，那麼即便你講的是非常正確的話，也沒有人會聽下去，更別說支持你了。

這一點在職場中被演繹得淋漓盡致。有時候大家哪怕都知道你是對的，長官是錯的，那又怎麼樣呢？大家照樣支持長官，而不會支持你。所以你最應該做的就是讓自己盡可能變得強大，只有你變得強大了，才會擁有更多的話語權。那怎麼變強大呢？

第一，把更多的時間和精力聚焦在自己身上，不要過分關注別人的生活，別人過成什麼樣都跟你無關。我們要找好自己的方向，然後在這個領域裡面深耕。

第二，把所經歷的一切當成磨刀石。不再抗拒和抱怨我們所遭遇的一切，而是把一切都當成一次試煉自己的機會，更多關注自己在經歷了當下的事情之後，能有什麼心得。

第三，發自內心地主動一點。在做很多事的時候，我們要開始有一個主角意識，不是為了應付誰、迎合誰才去做這件事。我們要意識到，只要沉下心來真正把事情做好，首先受益的就是我們自己。比如說我們去公司工作，很多人覺得要偷懶一點，這樣自己就賺到了，虧的是老闆。其實並不是這樣，我們偷懶的時候，耽誤的也是自己的時間。

當我們能夠做到發自內心地主動了，我們首先考慮的不是在為老闆工作，而是能夠意識到，自己做的任何事都能夠磨練自己，讓自己有所得，是跟自己的利益切身相關的，這樣我們就會認真積極地對待當下的每一件事，盡可能地去完成，並且做到最好。當我們保持這種心態的時候，才能在最大程度上提升自己。

#做人最怕心裡想要利益，嘴上卻講道德

如果用一個詞語來描繪大多數人現在的生活狀態，那就是「刻意」。什麼意思呢？就是人們都戴著面具生活，為了某種目的或者想要的結果，在壓抑自己的內心，刻意做一些內在實際上並不願意做的事。面具就是一個人在與社會互動時用來維繫自我生存的偽裝，它能為自己與環境帶來和諧的相處方式，但也讓一個人看似活著，其實活得很不真實。所以很多人經常會感到心累，感覺人生沒有意義。

別活在面具之下

我有個朋友性格直率、坦誠，大學畢業後進入職場工作。為了謀求發展，他不得不和周圍人搞好關係。為此，他開始假裝合群，刻意討好，每天晚上去查找大家感興趣的話題，面對自己不喜歡的事也要假裝喜歡。可是當他這樣做之後，卻發現自己越來越不像自己了。他以為合群後能夠更開心，可結果是更不開心了，甚至覺得心累，人生沒有意義。於是沒多久，他就辭職了。

因為他一直在刻意偽裝，為了討好別人丟掉了自己的底線和原則，讓內在和外在一直

處於撕裂狀態，最終越來越心累、痛苦。

從心理學邏輯上來講，我們每個人的內部都有兩個自我：一個是真實的、虛弱的自我，另一個是虛假的、強硬的自我。虛假的自我是為了保護真實的自我而衍生出來的保護性自我，它像一個面具一樣被戴在當事人臉上，是他們在與環境互動中採取的保護性策略。只不過這種保護性策略用得太久，他們早已意識不到這種替換，久而久之，他們內心對於自我的認識可能會有兩個聲音。

在通常情況下，外界啟動的都是虛假自我的聲音，只有當事人自己知道，他還有另一個自我。當這兩種自我一起出現的時候，就會打破一個人的平衡狀態，變得矛盾、痛苦，甚至進入內耗當中。

另外，刻意偽裝的副作用是非常大的，因為偽裝的你必然會給別人高期待。而且，既然是偽裝，就必然有被識破的一天。當真相被揭開的時候，對方對你只能是無盡地失望。這一點可以透過均值回歸原理來理解。均值回歸指的是無論是低於或高於真實價值的狀態，都有向真實價值回歸的趨勢。其回歸趨勢的強度就類似於彈簧，偏離中心越遠，回彈的強度就越大。

那麼一個人的偽裝其實也是一樣的。每當你表現出來的價值高於自己的真實價值時，你都相當於在給彈簧加力。你裝得越厲害，向真實價值回歸的強度就越大。在你透過刻意偽裝收穫更多人的喜歡和崇拜的同時，出糗的可能性也同比增大。理由很簡單，想要長期維持在一個遠高於自己能力的狀態，這是不可能做到的。

所以偽裝的結果就是，總有一天你會裝不下去，你會暴露真實的自己，這樣你們的關係就會出現很大的問題，可能還遠遠不如一開始就別偽裝。

有人曾問我：「王老師，你寫那麼多文章，表面上說要幫助人，但其實都是要收費的，所以你也是為自己的利益著想，是吧？」我直接回覆他：「我之所以分享這種技巧，一方面是因為我自己本身就非常感興趣，而且這種知識還能夠幫到別人；另一方面，我能夠透過提供價值賺到錢。」

死要面子只會活受罪

一個人最愚蠢的行為，就是明明心裡想著利益，但嘴上還硬撐著講道德，最後死要面子活受罪。人性本自私，這是事實，天上哪會掉什麼餡餅，所謂「無利不起早」就是這個道理。所以，先把自己的認知清理一下。活得簡單點，別讓自己的內在和外在打架了。

- 明明不熟，見面還非裝得十分熱情，散場後自己心裡又嫌棄自己。
- 請人吃飯，就想花個三百元，但裝大方讓對方隨便點，結果人家點了貴的菜又生氣。

- 同學聚會，明明不想去，但嘴上又不拒絕，結果去了又看不慣同學們虛偽的表現。
- 對方欠了錢，想跟對方要，但嘴上又說沒事不著急，說完心裡又罵對方不講信用……。

天天這樣，不累嗎？

我媽沒念什麼書，只有讀到小學一年級，但她跟我說過這樣一句話：「人就這一輩子。」如果你覺得自己現在並不完美，你可以不斷提升自己，而不是敷衍、掩飾和欺騙。欺騙自己，事實上為難的是自己，你會離完美越來越遠。而且，不是每個人都是傻子，你可以假裝一會，卻沒有辦法永遠活在一個不屬於你的形象裡。一旦別人看穿了，你的形象只會更加減分。

總之，人們不可能一輩子都生活在貝殼裡。其實當你露出真面目的時候，別人也會用真面目來看待你，你很有可能得到的是與你志同道合的朋友，是更適合你的生活方式。所以，簡單一點、真實一點、直接一點、隨性一點，你會快樂很多！

附錄

普通人逆襲的27條人性真相

怎樣才能快速成長？

人生第一課就是直面人性的自私，學會從利益的角度審視一切。

1. 接受人性的自私，你才能真正為自己的人生負責。你做的所有選擇本質上都是對自己有利的。即使失敗，你也沒資格責怪別人，只怪你的認知水準不夠。
2. 接受人性的自私，你才會對別人有更大的包容性，理解別人的所作所為。
3. 能夠把握住更多的機會，不會在合理的利益面前被所謂的道德束縛，做出錯誤決策。

如何在人際交往中少受傷？

你的大多數痛苦，都是源於看不透社交背後的隱祕邏輯，只會成為待宰的羔羊和自怨自艾的可憐蟲。

1. 要做富的好人，不要做窮的好人，沒有能力的好沒有意義。
2. 你的窮會讓周圍人產生負擔，這種負擔會把周圍人逼成「壞人」。
3. 弱者之所以弱，是因為不肯相信並發展屬於自己的力量，只期待著救世主能夠拯救自己。
4. 成年人最大的生存法則，是不輕信。

如何建立人脈關係？

透過吃飯、喝酒、唱卡拉OK建立起來的關係沒有價值，只要涉及利益，所謂的「深厚感情」轉瞬即逝。

1. 三十歲之前，把所有的時間、精力放在自我成長上，全面提升自己的價值。
2. 想要連接高段位的人脈，最核心的是成為他們的「價值供應者」。不要期望別人能為你做什麼，先問自己能替對方提供什麼價值。
3. 關係的產生，本就是人性自私的結果，因為靠個人無法完成某件事，或者最大化獲利，所以勢利是必然的。

如何在職場生存？

這是一個狼吃羊的社會，資源是有限的，所以競爭是必然的，而且是殘酷的。

1. 告別所謂的學生思維，不要對他人有很高的道德期待，想不通的事就用利益分析法。
2. 明確自己想要在工作中得到什麼，接受人的複雜性，學會不輕信。
3. 不斷提升自己，除了專業能力，也包括公共基礎能力的提升，比如演講、寫作、人際交往、溝通協調等能力。

如何才能成事？

所謂怒目金剛，既有慈悲心腸，又有雷霆手段。如果你有很嚴重的道德包袱，只能一事無成。

1. 謀之於陰，成之於陽。鄙視手段的人，恰恰是為了遮掩自己的膚淺。
2. 沒有勇氣爭取自己本該得到的一切，並美其名曰「高尚」，不過是可恥的自我安慰。
3. 大家各有各的手段，同時又覺得各有各的不擇手段。

如何確定自己是不是有價值的人？

成年人的世界，要成為一個有價值的人。你可以問問自己這幾個問題：

1. 我被誰所需要？
2. 我提供的這種價值具備稀缺性嗎？
3. 我所認為的價值，確實是對方想要的嗎？
4. 我該如何提升自己的價值？

想知道賺錢的隱祕邏輯嗎？

只有從底層快速成長起來，才能打破原有階層，賺到更多的錢。

1. 擴展自己的認知邊界至關重要。
2. 透過資訊差賺錢是最直接輕鬆的賺錢方式。
3. 避免僥倖心理，看清背後規律，搭建被動賺錢體系，是成功人士的真正殺招。
4. 穩就是快，慢就是快。
5. 找到你的價值生態位，然後瘋狂輸出價值，利益自然會來。
6. 擁有滿足人某種自私的能力，就能擁有利益。

應該樹立怎樣的金錢觀？

很多人賺不到錢，是一種必然，因為他們把錢看作萬惡之源。還有一些人不會花錢，錢放在手裡也會貶值。

1. 趁年輕就要多賺錢，成年人的底氣是錢給的。
2. 人自由的前提是有穩定的經濟來源，「佛系」、「躺平」都是無能的藉口。
3. 合法、合理地賺錢不丟人，別人給你的錢越多，代表你給別人提供的價值越多。
4. 如何花錢，決定了接下來你能否賺到更多的錢。
5. 只有窮大方，沒有富大方，成功人士不會被錢奴役。
6. 金錢只是媒介、工具，不必執著於錢本身。

你是怎麼被騙的？

你可以不主動騙人，但是也要對背後的人性有一個清晰的認知，防止被騙。

1. 每個人都在被認知更高的人收割，收割不可怕，但不要被騙。
2. 避免上當受騙的要訣就是不相信天上會掉餡餅。
3. 必要的「裝」是成事的手段，畢竟對方不瞭解你的時候會相信自己的第一印象。
4. 想要別人相信著火了，就要先製造煙，有些邏輯看似合理，其實只是刻意為之的手段。

行走社會的生存法則有哪些？

社會殘酷，不是童話故事，你要懂點那些遮掩在皮囊下的人情世故規則。

1. 寧得罪君子，不得罪小人。
2. 要麼不出手，出手就致命。
3. 變強的第一步，是承認和接受自己的弱小。
4. 只要還在桌上就有翻盤的機會，怕的是被踢出局。
5. 實力不足以睥睨天下時，就要學會韜晦。
6. 永遠不要低估周圍人的嫉妒。

為什麼習慣依賴註定受傷？

依賴本身就是在編織一個自己無法控制的悲慘童話，不將重心放在自己身上，反而過分向外尋找寄託，最終只能失望，甚至絕望。

1. 依賴別人，就相當於把生命的主權拱手相讓。
2. 你相信別人的承諾，就意味著要承受落空的可能。
3. 不要指望在牽扯利益的情況下，對方能先考慮你。
4. 你需要逼自己一把，否則無法釋放無窮的潛力。
5. 真正的強者不會對不可控的事情產生太多期望。

要不要合群？

很多人認為合群才有安全感，但這並不明智。所謂的長袖善舞，不過是一種自我欺騙。

1. 認清自己，找到自己的真正優勢所在。
2. 學會獨處，在這段時間裡篤定自己想要的是什麼。
3. 放棄合群，避免外在的消耗，專注做好要做的事。

該怎麼對待規則？

人一生下來就籠罩在各種規則之下，只有對此有一個清晰的認知，才能突破原有階層。

1. 高手永遠不盲從規則，而是能夠跳出來看清規則。
2. 規則的存在本質是為了保證某個階層的人的利益。
3. 規則對自己有利，就強調規則；規則限制自己的發展，就尋找規則的漏洞。
4. 要突破父母的認知，走老路得不到新的結果。
5. 你要強大到能制定規則，否則受委屈是必然的。

如何成為一個有腦子的人？

動腦之前要分清立場，否則你一定左右矛盾、猶豫不決，得不出結果。

1. 多瞭解與問題相關的客觀條件，你瞭解得越多，出錯的機率越小。
2. 問題之所以複雜，是因為摻雜的因素多了，思考的前提是去掉冗餘資訊。
3. 跳出因果邏輯，你生氣，並不一定是對方犯了錯。
4. 找原因不是目的，解決問題是目的。

弱者要擺脫哪些錯誤思維？

有時候，你之所以是弱者，是因為思維不對。

1. 過分高尚，以主動爭取為恥。
2. 崇尚特權，總是期望自己能破例獲取。
3. 對他人有很高的道德期望，認為我愛人人，人人就得愛我。
4. 從不發展自己的力量。
5. 只追求短期利益，不具備長期視角。
6. 封閉思維，拒絕接受一切新事物。

有客戶投訴你，該怎麼辦？

正確做法不是證明、解釋、推卸責任，而是先認同對方的觀點，再帶動對方解決問題。

1. 我很理解您現在的心情，如果我是您，遇到了這樣的事，我可能會更生氣。
2. 我知道您來告訴我們這個問題，也是想要我們做得更好，是對我們負責。
3. 為什麼不坐下來一起聊一聊呢？

怎麼給別人建議？

隨意給別人建議，只會誤入別人的因果，招致無謂的痛苦和煩惱。

1. 只有掌握足夠多的客觀資訊，才有發言權。
2. 把握大的方向即可，在一些小事上要充分相信、支持對方，不要干預。
3. 不要慈悲心氾濫，犯錯、摔倒是人生常態，更是成長必備，需要冷眼對待。
4. 提供某種建議的前提，是能夠為自己的建議負責。
5. 未經他人苦，莫勸他人善。

如何做到實事求是？

我們要探索人類主觀意識以外的客觀存在，搞清楚它的發展脈絡。

1. 看清當下的客觀情境，深入調查，而不是憑感覺。
2. 具備檢驗思維，實踐是檢驗真理的唯一標準。
3. 具備靈活意識，不怕出錯，怕的是錯了還不知道調整。
4. 接受變化，保持開放性。
5. 按規則辦事，而不是按自己的主觀認知辦事，不要想當然。

精神內耗時可以做些什麼？

天天鬧得只剩胡思亂想的人，往往是活得最累的。

1. 找一個安靜的地方坐下來，觀察自己的情緒、感受，但不做評判，讓它流經你的全身。
2. 嘗試看清楚焦慮、內耗的背後是什麼，自己可以做些什麼，行動起來。
3. 做課題分離，關注自己的課題，放下別人的課題。
4. 嘗試讓情緒、想法待在身體的某個區域，任它自由來去，自己則全神貫注於當下要做的事。
5. 練習一下正念。

婚姻的致命傷有哪些？

很多人對婚姻的認識並不深刻，一直在用錯誤的方式經營婚姻。

1. 一味地堅持自己是對的，而忘記讓感情更好才是最重要的。
2. 嬰兒心態，過分依賴另一半，而不能學會自己照顧自己。
3. 不願分享內心的情緒感受。
4. 只懂得息事寧人、謙讓、忍耐。
5. 不知道如何處理衝突。

如何不被他人輕易帶節奏？

要有獨立思考的理性能力，不能輕易被別人影響。

1. 保持懷疑，具備批判性思維。
2. 不只關注資訊，更關注資訊來源。
3. 透過檢驗辨別資訊的真偽。
4. 提升自己的知識儲備和見識。

如何高情商地表達自己的感受？

不批判、不指責、不貼標籤，只針對具體的事件和行為，表達自己的內心感受。

1. 你剛剛跟我說話的時候很大聲，這讓我心裡有點難受。
2. 看到你這樣做，我內心其實挺失落的。
3. 你這樣做應該也有你的道理，只是我覺得自己有點被忽視了。

如何讓自己的付出更有價值？

付出是人際交往最常見的模式，但很多人的付出是不健康的，所以並不能換回愛。

1. 你所付出的，是不是對方內心真正想要的？
2. 你是否對對方的回應有著很高的期待？
3. 你是否扭曲、放大了自己的付出？
4. 你是否因為付出，就無形地站在道德制高點？
5. 你的內心缺愛嗎？你是否在透過付出，企圖換回對方的愛，填補內心的匱乏？

老員工不服管，怎麼辦？

你剛剛升職，手底下一些有資歷的老員工不服管，反覆溝通都沒效果。

1. 不要一開始就針鋒相對，要逐步攻破。
2. 扶植、培養忠於自己的下屬。
3. 核心業務、重要資源向自己人傾斜。
4. 降低老員工的不可替代性和影響力。

如何讓別人更加珍惜你？

關係的背後都有著複雜的人性，你把人性看明白了，才能更容易達到自己想要的結果。

1. 人們只會珍惜，那些跋山涉水，歷經險阻見到的人。
2. 當某種「好」得到得太容易，就成了理所當然。
3. 當碗裡的肉沒那麼牢靠時，他才不會盯著鍋裡的。
4. 求而不得，才最珍貴。
5. 忠誠並不可靠，你有利可圖，我才願意忠誠。
6. 下游的水要乾了，沒有人能阻攔魚兒往上游走。

如何讓別人不敢隨意欺負你？

別人怎麼對你，很大程度上都是你教會別人的。

1. 不要讓別人輕易看透你，底牌要藏好。
2. 在社交場合中能夠適時冷場，敢於沉默，能沉得住氣，靜靜等待。
3. 眼睛不要躲閃，敢於正視對方。
4. 觸及自己原則的行為，一定要即時回擊。

如何接納當下的真實的自己？

很多人活得累，是因為面具戴久了摘不掉，可是內心的真實想法又忽略不了，這種撕裂狀態是最痛苦的。

1. 充分接受和體驗自己的情緒，透過情緒進一步深度地認識自己。
2. 明白接受不等同於現實無法改變，反而是接受了，才能開始改變。
3. 可以嚮往完美，但是不刻意追求。
4. 靈活一點。
5. 學會原諒自己，允許自己犯錯。

WIN 040

你的忍讓，只是廉價的示好：
透視表象下的人性法則，從此不再吃悶虧

作者—王心傲

心理顧問，專研心理學、人性、NLP等領域，也是百度、抖音等平臺最受歡迎的專欄作者之一。

他言語犀利，見解獨特，被稱為「另類先生」；不盲從大眾傳統思維，喜歡從本質剖析問題；善於結合日常現象、歷史故事解讀人性的底層邏輯，啟發人們打開認知與思維升級的卡點。從人性角度來破解認知升級躍遷的邏輯，為此贏得了全網無數人的點讚與喜愛。

其百家號專欄《人性解碼，思維破局》、《看破人性，重塑大腦》吸引了超過十億次推薦、四百九十萬次讚評，單篇文章推薦量九千七百萬人次；被百度評為「二〇二一年狀元計畫優質創作者」、「百度教育十大受歡迎主播」。

著有：《不是搞不定人，是搞不懂人性》，解析人性的底層邏輯，幫助讀者用「合理的自私」在複雜的世界中生存。

時報文化出版公司成立於一九七五年，並於一九九九年股票上櫃公開發行，於二〇〇八年脫離中時集團非屬旺中，以「尊重智慧與創意的文化事業」為信念。

主　編—尹蘊雯
責任編輯—王瓊苹
責任企劃—吳美瑤
美術設計—Ancy Pi
內頁排版—芯澤有限公司
副總編—邱憶伶
董事長—趙政岷
出版者—時報文化出版企業股份有限公司
一〇八〇一九臺北市和平西路三段二四〇號三樓
發行專線—（〇二）二三〇六六八四二
讀者服務專線—〇八〇〇二三一七〇五
（〇二）二三〇四七一〇三
讀者服務傳真—（〇二）二三〇四六八五八
郵撥—一九三四四七二四 時報文化出版公司
信箱—一〇八九九臺北華江橋郵局第九九信箱
時報悅讀網—http://www.readingtimes.com.tw
電子郵件信箱—newlife@readingtimes.com.tw
法律顧問—理律法律事務所 陳長文律師、李念祖律師
印　刷—勁達印刷有限公司
一版一刷—二〇二四年十二月十三日
一版二刷—二〇二五年二月二十日
定　價—新臺幣三六〇元

你的忍讓，只是廉價的示好：透視表象下的人性法則，從此不再吃悶虧 / -- 初版 . -- 臺北市：時報文化出版企業股份有限公司，2024.12,
256 面；14.8X21 公分
ISBN 978-626-419-032-9(平裝)
1.CST: 人性 2.CST: 人性論
191.6　　113017819

ISBN 978-626-419-032-9
Printed in Taiwan